事业单位财务会计与审计管理研究

王 健　莫 宁　著

图书在版编目（CIP）数据

事业单位财务会计与审计管理研究 / 王健，莫宁著
— 哈尔滨：哈尔滨出版社，2023.3
ISBN 978-7-5484-7106-6

Ⅰ．①事… Ⅱ．①王… ②莫… Ⅲ．①行政事业单位—财务会计—会计管理—研究—中国②行政事业单位—财务审计—管理—研究—中国 Ⅳ．① F234.4 ② F239.66

中国国家版本馆 CIP 数据核字（2023）第 049451 号

书　　名：事业单位财务会计与审计管理研究
SHIYE DANWEI CAIWU KUAIJI YU SHENJI GUANLI YANJIU

作　　者：王　健　莫　宁 著
责任编辑：王利利
装帧设计：西辞教育

出版发行：哈尔滨出版社（Harbin Publishing House）
社　　址：哈尔滨市香坊区泰山路 82-9 号　　邮编：150090
经　　销：全国新华书店
印　　刷：武汉市首壹印务有限公司
网　　址：www.hrbcbs.com
E - mail：hrbcbs@yeah.net

编辑版权热线：(0451)87900271　87900272
销售热线：(0451)87900202　87900203

开　　本：787mm×1092mm 1/16　印张：9.75　字数：230 千字
版　　次：2023 年 3 月第 1 版
印　　次：2023 年 3 月第 1 次印刷
书　　号：ISBN 978-7-5484-7106-6
定　　价：68.00 元

凡购本社图书发现印装错误，请与本社印制部联系调换。
服务热线：(0451)87900279

前 言

随着经济的发展和社会的进步,政府的服务职能和服务水平需要进一步提升。为了打造人民满意的服务型政府,事业单位也在不断地提高服务水平和服务能力以适应经济发展需要。但是在财务会计管理方面存在诸多问题,直接影响了事业单位的财务管理能力,从而不利于财政资金的正常使用。因此,必须加强事业单位财务管理工作,解决当下事业单位财务会计管理存在的问题,进而提高事业单位的财务管理水平,提高事业单位的整体服务质量。

事业单位在很大程度上代表着国家形象,各事业单位必须切实转变职能与管理方式,进一步增强在人民群众面前的公信力。而要做到这些,其中一个重要方面就是对于事业单位的财务审计工作进行改革,使得事业单位完善和建立内控制度,缩减开支,减少浪费,进一步提高单位资金的使用效益。

作为事业单位中的关键工作,保证财务会计管理和审计管理效果对于调整单位现有经济发展起到非常重要的作用。由于事业单位财务管理和审计管理制度尚未达到完善的状态,还存在一些问题,这对于相应整体经济效益也有非常严重的影响。

事业单位财务会计管理和审计管理既是重要的经济管理内容,也是公共管理的重要组成。随着我国社会经济的转型,新会计制度下,事业单位财务会计管理和审计管理工作也被关注。新形势下的事业单位也逐渐市场化,进而也增加了事业单位运转的风险,这也促使事业单位进一步强化自身内部管控,重视财务会计管理和审计管理,为事业的良好运转与发展做出更多的贡献。

希望通过本书能够给从事相关行业的读者们带来一些有益的参考和借鉴。

目 录

第一章 事业单位财务会计的内涵 ... 1
第一节 会计基础知识 ... 1
第二节 事业单位会计的含义及特点 ... 6
第三节 事业单位财务会计与企业财务会计、管理会计的异同 ... 12

第二章 事业单位的审计管理 ... 16
第一节 审计概念与分类 ... 16
第二节 审计组织与审计过程 ... 19
第三节 事业单位的管理审计与财务内部的审计管理 ... 25

第三章 事业单位财务管理 ... 30
第一节 事业单位财务管理内涵 ... 30
第二节 事业单位财务管理存在的问题及对策 ... 36
第三节 事业单位财务管理体制 ... 42

第四章 事业单位预算 ... 49
第一节 事业单位预算的含义与特征 ... 49
第二节 事业单位的定员定额与收支标准 ... 54
第三节 事业单位预算编制和审批 ... 60
第四节 事业单位预算执行与财务决算 ... 64

第五章 事业单位资产 ... 70
第一节 事业单位的现金和银行存款 ... 70
第二节 事业单位的固定资产 ... 77
第三节 事业单位的无形资产 ... 82

第六章 事业单位收入、支出与负债 ... 87
第一节 事业单位的收入 ... 87
第二节 事业单位的支出 ... 94
第三节 事业单位的负债 ... 103

第七章　事业单位成本费用、结余及专用基金 110
 第一节　事业单位的成本费用 110
 第二节　事业单位的结余 117
 第三节　事业单位的专用基金 121

第八章　事业单位财务分析和财务监督 125
 第一节　财务报告与财务分析 125
 第二节　财务报表审计的目标与流程 135
 第三节　事业单位财务监督 141

结束语 147

参考文献 148

第一章 事业单位财务会计的内涵

第一节 会计基础知识

一、会计概述

（一）会计的产生与发展

会计是人类向社会传递经济信息的一种行为,其历史源远流长。会计产生、发展并不断完善,是伴随着人类社会生产发展和经济管理需要而产生的。

会计的发展历程是很漫长的。从现存的信息来看,古巴比伦、古埃及、古希腊、古印度、中国周朝,都存在着与会计相似的记录、官制或会计活动。《周礼》中有记载,周朝建立了一个专门负责管理全国和地方财政的"司会"。在我国,早在秦汉时期,就已经出现了以"入、出"为记账方式,而在西汉,"计簿"被认为是中国会计制度的一种基本形式。唐代和宋代的会计制度得到了进一步的发展,它的显著成果是建立了以"四柱清册"为基础的记账和记账方式。在元、明两代的大量使用下,我国的传统单式簿记已趋于完备。明代晚期,商业、手工业的空前兴盛,出现了一种"龙门账",它能满足商业收支的要求,甚至超过了"四柱清册"。

在10世纪左右,西方国家普遍使用单式簿记。但是,从13至15世纪,地中海地区一些城市的商业、手工业发展很快,人们迫切需要通过记账来获取与贸易和商业活动相关的重要资料,从而使簿记的方式发生了重大的突破,意大利就诞生了科学的复式记账。15世纪,威尼斯地区的复式簿记十分盛行,它的记账方式也较为完善。1494年,数学家卢卡·帕乔利,发表了一部名为《算术、几何、比及比例概要》的著作,"簿记论"是其中一章,他对威尼斯地区的复式记账法进行了较为全面、系统的论述,并对其进行了理论上的解释。它促进了世界各地的复式记账,并对世界各国的会计发展产生了深远的影响。因而该著作的出版,是会计史上的一个重大里程碑,也是现代会计的开端。18世纪后期到19世纪初期,工业革命的兴起,形成了股份有限公司,对会计的要求也随之提高,由此产生了一种新的会计专业。从19世纪50年代至20世纪50年代,会计的地位与作用、会计目标、会计原则、会计方法、会计技术等各方面均有了长足的进步,产生了成本会计、财务报表分析等会计理论与方法。20世纪50年代之后,我国的会计体制发生了变化:

从传统的会计制度逐步演变为一个相对独立的、较为完整的现代会计制度；电子计算机在会计中的运用，使会计处理的手段、程序等都发生了很大的改变，从而使会计信息的覆盖面更广、更准确、更及时。

我国一直到清代后期，才从外国引入了"复式记账"。中华人民共和国建立后，我国引入苏联的会计体系，并在我国快速、全面地推行了基于复式记账的现代会计。改革开放以来，我国现行的会计制度已不能适应社会主义市场经济的要求，在90年代初期，我国进行了一系列的会计制度改革，并逐渐形成和健全了现代会计制度。在这一时期，注册会计师的专业发展、会计理论研究、会计教育等方面都有了长足的发展。《企业会计准则2022年版》的出版，使我国的会计工作步入了一个新的阶段，并与国际接轨。

(二)会计的概念

会计是以货币为主要计量单位，通过特殊的方式，对单位的经济活动进行核算和监控。

在现代企业中，会计是一种非常重要的经营活动。企业的会计工作，是指会计人员在企业经营中，运用一套会计程序，对企业的财务状况、经营成果、现金流量、管理层的受托责任，为会计信息使用者提供有用的资料，并积极参与经营管理决策，提高企业经济效益，促进市场经济健康有序的发展。

(三)会计的特征

会计的基本特征主要表现在以下5个方面：

1. 会计是一种经济管理活动

现代会计包括财务和管理两大类，从管理学的视角来看，会计是一种对企业经济活动进行确认、计量、报告、预测、参与决策、实施监督等活动的一种经营活动。在功能性质上，会计与监管是一种经营行为；从本质上讲，会计是一种经济管理活动。

2. 会计是一个经济信息系统

从财务会计观点来看，会计主要是向外部传递信息。通过会计工作，把企业的经营活动转变为货币化的财务信息，为企业提供资金、劳动、所有权、收入、成本、利润、债权、债务等信息。因此，会计是一种以提供财务资料为主要内容的经济信息系统，它是公司的运作记分牌，也是公司的内部及外部的利益相关者，因此，它也被称作"企业语言"。

3. 会计以货币作为主要计量单位

会计主体的经济活动是复杂、多样的。会计目标的实现需要全面地反映各个经济活动，因此需要有一个统一的衡量标准。劳动计量单位、实物计量单位、货币计量单位是经济活动中常用的计量单位，劳动计量单位和实物计量单位只能从多个方面反映企业的生产、运营状况，一般不能直接对计量结果进行汇总比较；而货币计量则是一种易于统一度量和综合比较的工具，它可以充分地反映企业的生产和运营状况，所以会计必须以货币为主要计量单位。

4. 会计具有核算和监督的基本职能

会计的最根本功能就是核算和监督经济活动。会计核算是收集、处理、存储和运输经济管理中的各类会计资料。会计监督是指通过调节、指导、控制等手段，对某一具体主体的财务活动的真实性、合理性、合法性等进行评估，并采取一定措施，从而达到其预期目的。

5. 会计采用一系列专门的方法

会计方法是会计活动中运用的一种技术手段,它反映和监督会计对象,完成会计凭证,一般包括会计核算方法、会计分析方法和会计检查方法等。在这些方法中,会计核算方法是最为基础的;会计分析方法、检查方法等是以会计核算为依据,运用所提供的资料对其进行分析、检验。各种会计核算方法相互依存、相互补充,构成一个完整的核算系统。

二、会计对象与目标

(一)会计对象

会计对象是会计核算与监督的内容。会计以货币为主要计量单位,对具体的经济活动进行核算与监督,因而,任何一个具体的经济活动,都属于会计核算与监督的内容,也就是会计的客体。一种以金钱为基础的经济行为,也就是所谓的价值流动或资金流动。

由于企业具有不同的性质和不同的经济活动内容,其具体的核算对象也是不同的。下面以工业企业为实例,阐述了企业会计核算的特定对象。工业企业资金流动一般包括资金的投入、资金的运用和资金的退出三个阶段。

1. 资金的投入

资金的投入主要由股东(投资人)出资和债权人出资两方面构成,前者是公司股东的资金,后者是债权人的权益,也就是企业负债。投资于某一公司的资本是一种流动资产,而另一种则是一种非流动资产。

2. 资金的运用(资金的循环和周转)

企业把资金投入到生产和运营中,就构成了资本的运用。资金运用可分为三个阶段:供应期、生产期和销售期。

供应:这就是制作商品的前期工作。在供应期间,企业要采购原材料等劳动密集型产品,产生材料费、运输费、装卸费等物料的采购费用,并与供方进行付款结算。

生产:在生产中,劳动者利用劳动工具把劳动对象加工为特定的商品,所产生的原材料消耗材料费、固定资产磨损折旧费、工人劳动成本等。同时,也会出现企业与劳动者的工资结算关系,以及与相关单位的劳动结算关系。

销售:在销售期间,企业销售商品,发生销售费用,取得销售收入,与采购人发生货款结算关系,与税务机关进行税务结算。

3. 资金的退出

资金的退出主要是指偿还各种债务,缴纳各种税费,分配给所有者的利益等,在此过程中,资金流出,退出企业资金的流通和流动。

总之,无论哪一时间点,资本流动都是相对静态的,即在任何时间点,企业的资金都是由资金占有和资金来源两部分组成,二者既有关联,也有约束。

(二)会计目标

会计目标是指在特定的客观环境和经济情况下,从事会计工作的人所希望的结果。会计是经济管理的一个重要环节,它的整体目标是为了实现经济效益的最大化。在具体的会计目标方面,《企业会计准则》中明确规定,会计的目标是为财务报表使用者提供关于企业财务状况、经营成果、现金流量等方面的财务资料,以体现企业的受托责任,从而为财务报表使用者作出财务决策。

财务会计报告用户分为两种类型:一种是内部用户;另一种是外部用户。企业内部信息的用户主要有:企业内部的管理者和员工;外部信息的用户主要包括政府相关部门、投资者和潜在投资者、债权人、大众等。不同的用户需要不同的会计信息。

会计主体的内部管理人员必须了解企业的经营成果、财务状况和财务状况的变化。企业财务信息是企业管理部门管理企业、进行经济决策的基础,通过对企业经营决策进行正确的分析,发现经营管理中的问题,从而提高企业的经济效益,增强企业的内部控制能力。

投资者和潜在投资者必须了解企业的经营状况、盈利能力和发展趋势,以便对投资的风险和回报作出正确的判断。

政府相关部门要了解各个经济单位的政策实施状况,以便通过价格、税率等经济手段和法律手段来进行宏观调控。

而债权人对其资产质量、盈利能力、偿债能力的关注程度较高,从而决定是否向债务人提供贷款、贷款的金额、时间等。

会计主体内的工作人员,既关注其当前的经营情况和盈利能力,也关注其未来的发展方向。

所以,我们应根据用户的不同需求,把会计目标定位为符合用户的需要。

(三)会计职能

会计职能是指在经济活动中,客观地起到的作用和功能。随着生产力的发展,社会经济关系的日趋复杂,管理理论的深入,会计的作用越来越突出,会计的功能也越来越丰富和发展。除了会计核算和监督之外,会计还具有扩展功能,如预测经济前景、参与经济决策、评价经营管理等功能。

《中华人民共和国会计法》(以下简称《会计法》)明确规定了会计的基本功能,即会计的基本功能是进行会计核算、实施会计监督。

1. 会计核算职能

会计核算职能又称为会计反映职能。是会计的最基本职能贯穿于整个经济活动之中。会计核算职能是指以货币为基本计量单位,通过确认、计量、记录、计算、报告等环节,运用诸如借贷记账等会计手段来描述其经济活动,从而使其能够客观地记录和向用户提供财务信息。

确认,是指通过具体的会计方法,以书面形式和数额,对一项业务或事务进行一次说明,以便在具体的财务报告中体现出来;计量,是指决定一笔交易或交易的数额的一种核算方法;记录,是以某种方式对某一具体的经济活动进行核算,并将其记载于账册之中的一种核算过程;报表,是指以确认、计量、记录为依据,将某一具体对象的财务情况和经营业绩报告给信息用户的过程。

会计的核算职能具有以下特征。

会计核算的主要计量单位是货币。在商品经济中,任何一种经济活动都是以价值的形式存在的。货币是一种普遍的等价物，它有利于全面地反映经济活动的价值，并能为企业的经营提供客观的会计资料。在会计核算上，除了使用货币计量外，还要辅以实物计量、劳动计量和有关文字解释。

会计是反映和描绘客观的事实。"客观事实"是指过去的经济活动，是对已有的事实的反映，是一种事后的记载，它的主要形式是记账、核算和报告。在企业管理需求日益增长的今天，会计人员运用信息反馈的方式，实现了对企业的财务活动的事前和事后的核算。

会计核算具有连续性、系统性、综合性等特点。连续性是指按照经济活动发生的时间顺序，对其进行不中断的记录；系统性就是在对经济活动进行分类、整理、汇总的过程中，目的就是提供各类会计资料；全面性是指全面记录和计量各种会计主体所从事的各种经济活动，既不能遗漏，也不能随意选择。

2. 会计监督职能

会计监督职能又称为会计控制职能，它是以国家法律法规为准则，根据特定的目的和需要，运用会计信息系统所提供的信息，对其进行控制、监控，从而实现会计行为的规范化、合理性。会计监督是一种对会计主体自身进行自律的制度，其运作过程也是对其进行监督的过程。会计监督具有以下特点：

(1)会计监督是一种强制性的、严肃的制度。会计监督是在国家财政法律、财经纪律的基础上进行的，这就要求，在所有的经济活动中，都必须遵守国家的金融法律、金融纪律和企业的经营方针和政策。《会计法》除了赋予会计机关和会计人员行使会计监督的权力外，还对有关的法律责任作出了明确的规定，具有强制性、严肃性。

(2)会计监督是建立在会计核算基础上的。从提高单位经济效益的角度来看，会计监督要贯穿整个经济活动，以评估各种经济活动的有效性。因此，在进行会计核算的过程中，会计机构和会计人员都有责任，有责任对财务活动的真实性、合法性进行审核，以保证其真实、准确、完整、合法。

(3)会计监督是一项完整的制度。会计监督与经济活动的进程密切相关，既包括监督已发生的经济行为，也涉及经济活动发生前后的监督，包括事前监督、事中监督和事后监督。

会计的两大基本职能是相互补充、辩证统一的。会计核算是会计监督的根本，如果没有会计核算所能提供的各种信息，会计监督就没有根据；而会计监督是会计核算工作质量的保障，如果没有会计监督，会计信息的真实性和可靠性很难得到保障。

三、会计基础

(一)会计基础的概念

会计确认、计量和报告的依据，也就是企业会计确认、计量和报告过程的基础，是指在某一特定的会计期间，确认收入和支出，以确定损益标准。在一个特定的会计年度内，为从事生产和经营而支出的费用，可以在本期支付货币资金，也可以在本期尚未支付货币资金；所得收入，在本年度内已收到货币资金或尚未收到货币资金；本期发生的费用，也有可能与当期的收入相关，或者与当期的收入没有关系。这类经济活动应该怎样进行，必须根据所适用的会计准则来确定。

(二)会计核算方法

会计核算方法分为两大类：权责发生制和收付实现制。《企业会计准则》规定：会计确认、计量和报告，都应建立在权责发生制的基础上。

1. 权责发生制

权责发生制，也叫应计制，应收应付制，是以"应收应付"作为会计准则，对当期的收入和支出进行核算。在权责发生制下，所有已完成或已发生或已支付的费用，均视为当期的收入和支出；任何非本年度发生的收入或支出，即便在本期内已收到，仍不能视为当期的收入或支出。使用权责发生制度，可以在一个会计年度内，实现收入与支出的合理划分，能够比较精确地反映出各个时期的成本与收益，并且各个时期的各项指标都是可以比较的。

2. 收付实现制

收付实现制，也称为"现金制"或"实收实付制"，是一种以"现款收付"为依据的会计核算方法。在收付实现制度下，任何一笔现金，不论其是否属于本期，均视为当期收入；任何本期支付的金额，不论其是否属于本期，均视为当期费用。在收付实现制度下，企业各个时期的指标变化不定，无法对各个时期的经营绩效进行精确的计量，但因其简单的计算方法，目前仍然被一些行政事业单位采用。

第二节 事业单位会计的含义及特点

根据其应用领域，会计可以划分为公司会计与非公司会计。财政预算会计、行政单位会计、事业单位会计均属非公司会计范畴，也可称为预算会计。事业单位会计是会计人员核算、反映和监督各级机构的预算和绩效的一种专业会计。

一、事业单位概述

(一)事业单位的界定

事业单位是指国家为社会公共利益而设立的，由国家机关举办、或其他组织利用国有财产举办的，从事教育、科技、文化、卫生等活动的社会服务机构。事业单位有两种属性：一是具有国有性质，即它是由国家出资举办、或其他组织利用国有财产举办，而社会组织或个人利用非国有资产举办的公益组织，不属事业单位；二是具有社会公益性质，事业单位是一种以社会公益为宗旨，以社会公益活动为目的，以满足人民物质和精神需求为宗旨的社会公益组织。

事业单位的登记和管理都是由县级以上人民政府和有关行政部门负责的。《事业单位登记管理暂行条例》对事业单位进行了规划。事业单位的工作范围比较广，包括教育、科研、文化、卫生、体育、新闻出版、广播电视、社会福利、人才交流、就业服务、救助减灾、统计调查、物资仓储、测绘、法律服务、勘探与勘察、公证与认证、信息与咨询、资源管理事务、经济监督事务、知识产权事务、公用设施管理、机关后勤服务、检验检测与鉴定、技术推广与实验、质量技术监督事务等。

（二）事业单位的特点

事业单位是我国在计划经济时期形成的一种特殊的社会组织类型。在我国的各种组织形式中，事业单位是继企业之后最大的一种组织形式。总的来说，事业单位具有非政府组织、非营利性质。与政府机关、企业单位比较，它具有以下特征：

第一，服务性。事业单位并不是国家的行政权力机关，也没有任何行政功能。事业单位是保障国家政治、经济和文化生活正常运转的一种社会服务体系，主要分布在科、教、文、卫等领域。

第二，公益性。事业单位往往以社会公益为发展方向，既有社会经济的属性，又要兼顾社会与经济的双重利益，也就是事业单位首先要追求社会效益，一些事业单位在确保社会福利的基础上，为促进社会服务的健康发展和社会服务体系的良性循环，按照国家的有关规定，对接受服务的对象或个人进行一定的服务收费。

第三，知识密集性。大多数事业单位是知识密集型的组织，以智力劳动为主，以技术人才为主体，其劳动成果通常是通过科学技术和文化知识向社会各个阶层供给智力和精神产品。

第四，复杂性。事业单位类型多样，状况错综复杂，既有公益性质的、行政支助性质的事业单位，也有经营发展性的事业单位；既有全额拨款和差额拨款的事业单位，也有自收自支和企业化管理的事业单位；既有由政府主办的事业单位，也有由社会组织主办的机构组成的事业单位；既有几万人构成的事业单位，也有少数人构成的事业单位。可以说，事业单位人员众多，种类繁多，跨度大。

（三）事业单位的类别

我国目前正在进行的事业单位管理制度的改革和完善，对事业单位分类进行科学的界定，是深化改革的前提和基础。根据其社会职能，事业单位可分为承担行政职能、从事生产经营活动、从事公益服务三大类别。

1. 承担行政职能的事业单位

承担行政职能事业单位是指承担行政决策、执行和监督的事业单位。这些单位逐渐将行政职能移交给行政机构，或者转变成行政机构，比如城市管理、环境监察、土地监察等。

2. 从事生产经营活动的事业单位

从事生产经营活动事业单位是指在市场资源配置下，不承担公益服务责任的事业单位。这些事业单位要逐渐转变成企业，也可以撤销，如研究所、出版社等。

3. 从事公益服务的事业单位

从事公益服务的事业单位是指为社会提供公共服务、为政府机构履行职责提供支持和保障的机构，改革后这类单位继续存在于事业单位之列。

根据其职责任务、服务对象、资源分配等因素，将其划分为"公益一类"与"公益二类"两大类。

第一，公益一类，即承担义务教育、基础科研、公共文化、公共卫生和基层医疗等公益服务，不能或不适合市场配置资源的机构。归入公益类别的，一般需要满足三个条件：一是为社会提供基本的公益服务；二是无法或不适宜利用市场来分配资源；三是政府制定的宗旨、职能任务和服务标准，不得参与商业活动。

第二，公益二类，既能承担高等教育、非营利医疗等公益服务又可以通过市场部分分配资源的机构，需要满足三个条件：一是为社会提供公益服务，可以通过市场的方式分配；二是要根据国家制定的公益目标和有关标准进行；三是在保证公益的基础上，按照有关法律、法规为主营业务提供相关服务，并按照国家有关规定进行收益的使用。

只为行政机关履行职责提供保障的事业单位，属于公益一类；政府机关在履行职责的同时，向社会提供与业务有关的服务，属于公益二类；按地方性法规、规章等规定全面或主要履行行政职责的事业单位，暂划为公益一类。

（四）事业单位的预算体系与会计组织系统

1. 事业单位的预算体系

事业单位预算是指按照事业发展的目的和计划，编制的财政收支计划，包括收入和支出预算。国家对事业单位实行核定收支、定额或者定项补助、超支不补、结转和结余按规定使用的预算管理办法。

我国的财政预算制度分为中央预算和地方预算两部分，即财政总预算和部门预算。事业单位的预算是部门预算，隶属于各级财政的总预算。每个事业单位都有一个上级主管单位，它与同级的财政部门有一定的联系。在我国，事业单位一般都属于对应的行政单位，属于下属单位的二级预算单位。如果事业单位属于中央行政单位，其经费来源为中央事业单位，则该事业单位为中央事业单位；乡镇单位属于地方行政单位，其经费是从省（自治区）、市（自治州）、县（不设区的市、直辖市）、乡（镇）财政拨款的，则该事业单位为地方事业单位。

2. 事业单位的会计组织系统

按照事业单位隶属关系和经费领报的关系，将其会计单位划分为主管会计单位、二级会计单位、基层会计单位三个层次。由上级财政部门负责领报经费，并与其进行预算管理，下属单位所属的，为主管会计单位；在主管会计单位或上级单位中领报经费，与其存在着预算管理关系的，属于二级会计单位；由上级单位领报经费，并与其产生预算管理关系，以下无隶属单位的，属于下级会计单位。上述三个会计单位分别进行独立的会计核算，对本单位、本部门内所有会计工作进行统一的管理，对不能单独进行核算的，实行单证报账，并按"报销单位"管理。

二、事业单位会计的含义及目标

（一）事业单位会计的含义

事业单位会计是以事业单位的经营活动为对象，记录、反映和监督事业单位财务状况、事业成果、预算执行情况和成果的一种职业会计。我国的政府会计制度由财政总预算会计、行政单位会计、事业单位会计三大部分组成，因而在我国的会计中起着举足轻重的作用。在我国的政府会计制度中，事业单位会计是以部门预算经费为核算对象，为内外部使用者提供有用的会计资料，为事业单位的预算和财政管理服务。

事业单位是一种为社会提供公益服务的组织，其业务活动不以营利为目的，其资金来源主要来自政府的财政补贴和服务费用。财政补贴是政府拨款给各事业单位的一项预算拨款，反映了政府对社会公益事业发展的支持；服务收费是指为填补财政资金缺口，使其更好地参与社会公益活动而获得的有偿收入。事业单位的会计工作要体现在财政预算经费使用、经营经费使用、合理安排经费支出、严格控制经费开支、进行会计监督、做好日常会计核算工作等方面。

(二)事业单位会计的目标

会计目标是指会计活动的目的与状况，会计目标的恰当与否直接影响到会计制度的运作效率和实现的可能性。会计目标是指会计主体在编制会计报表时，会计信息的范围与质量标准，从而影响会计要素的确定与计量。这是一个重要的会计理论问题，也是世界各国公认的会计准则理论框架问题。

事业单位会计的根本目标是为用户提供关于事业单位财务状况、事业成果、预算执行等方面的会计信息，它能有效地反映事业单位的履职状况，并有助于用户对社会进行管理和经济决策。事业单位会计工作的具体目标包括以下方面：

第一，对财政收支进行统计，推动预算执行，确保行政工作的顺利完成。事业单位应运用其特有的会计核算方法，连续、全面、系统地反映政府财政资金、企业经营资金的运行状况，为国家预算和单位的财务管理工作提供可靠的数据。政府机关的日常会计数据是编制财政收支的基础。

第二，对财政收支的执行情况进行分析，对资金的合理调配，对资金的供求进行调整。事业单位会计经常协调和平衡资金，维持一定的财务储备和单位储备，以确保全年的预算和单位预算的顺利实施。因为各类收入和开支在每年的进程中会发生变化，所以，在年度预算中，在收支平衡的情况下，每个季度、每个月份、每旬的收入和开支并不会完全均衡。这就要求利用会计所提供的资金集中、分配、结余等数据，定期对财务和资金的收支状况进行分析和研究，把握资金收支的变化规律，以应对年度预算中资金与业务资金的需求与供给的矛盾。

第三，负责对财政收支计划的实施情况进行监督，严格遵守国家的财经纪律。国家财政经费与事业单位经营经费的收支状况，反映了财政、行政、事业单位的经营活动，反映了国家财政政策、财政方针的执行状况。在对政府事业单位进行全面预算和部门预算的同时，事业单位会计要根据国家有关政策、方针、法令和制度，严格执行财政收支计划。

事业单位的会计工作，是指对预算执行过程、进度、结果进行全面的核算、分析和检查，具有实现预算收支平衡、调节资金供需平衡、保证业务方向的正确性等功能。因此，在我国的财政单位的财务管理中，事业单位会计是一个举足轻重的角色。

三、事业单位会计的分类

按照事业单位从事的专业业务是否具有行业特征，事业单位会计分为普通事业单位会计和行业事业单位会计。

第一，普通事业单位是指没有行业特征的事业单位。普通事业单位具有很强的公益性，不能或不适合由市场进行资源配置，以政府补助作为其主要的经济来源。普通事业单位分为政府扶持事业单位、公益事业单位以及无产业性质的事业单位。普通事业单位会计实行统一的会计制度，以服务于预算管理，同时满足事业单位的财务管理需求。

第二，行业事业单位是一种具有行业特征的事业单位。事业单位的分布范围很广，有的具有明显的行业特征，具有与普通事业单位不同的业务活动。一些事业单位需要通过市场来分配资源，一些事业单位则主要通过专业业务活动获取收入。行业事业单位主要包括医院、科学事业单位、学校、彩票机构等。行业事业单位会计实行特殊的行业预算制度，以反映企业业务状况和经营业绩为重点，为企业制定财务政策提供相应依据。

四、事业单位会计的特点

行政单位会计、事业单位会计、财务总预算会计三者共同构成了预算会计。与企业会计比较，预算会计具有鲜明的特征。另外，行政单位会计和事业单位会计是两个独立的组成部分，它们在本质上是一样的，特征却是不同的。

(一)事业单位会计核算特点

第一，会计核算资金的种类多种多样。事业单位的资金来源是多种多样的，包括政府的财政预算拨款、上级单位的补助、其他单位和个人的捐赠、开展经济活动和业务活动取得的收入等。

第二，会计核算的工作内容比较复杂。事业单位可以履行国家赋予的义务，从事必要的有偿服务，也可以开办经济实体，从事对外投资，因此，其业务活动的范围很广，会计核算也很烦琐。

第三，事业单位的会计核算应当以收付实现制为依据，而经营收入的业务则可以实行权责发生制。

(二)行政单位会计与事业单位会计的关系

行政单位会计和事业单位会计同属预算核算范围，两者具有较多的相似之处，但又有差异。

第一，经费来源渠道不同。事业单位的会计核算和监管的资产主要通过各种渠道和途径提供，而从财政部门获得的经费仅是它的主要资金来源，除此之外，还包括接受捐赠、业务活动和其他形式的收入。行政单位会计核算与监督资金来源单一，完全依靠财政预算拨款，即便存在其他的收入，也必须对其内容进行限制。

第二，会计核算特点不同。由于事业单位的资产来源渠道较为广泛，因此存在许多与企业会计相似的核算内容，并且因其所属行业的不同，其分类也较为细致，各行业的核算也具有一定的特殊性。行政单位的资金来源比较单一，各种业务活动的处理方式与企业会计存在很大差异，而行政单位的核算也存在着很强的统一性。

第三，会计职能作用不同。事业单位的职能是给社会提供一定的公益服务，提供一定的商品和服务，其业务活动都以公益服务为宗旨。行政单位的功能是维持社会的正常运行，所有的公共事务都以此为目标进行。由于事业单位与行政单位在功能上的差异，其会计职能也不尽相同。

五、事业单位会计信息质量要求

(一)可靠性

事业单位在进行会计核算时,应当根据单位的业务活动和事项,如实地反映各方面的情况和结果,确保其真实、可靠。

事业单位的会计资料的有效性,必须建立在可靠的基础上,如果不能提供可靠的会计资料,则会对政府及其他有关会计资料的使用者造成误导,乃至造成损害。为实现可靠性的需求,各单位应完成下列工作:

第一,根据已发生的交易或事项进行确认、计量,将与会计要素的定义和确认条件相符的资产、负债、净资产、收入、支出或费用等真实地反映在财务报告中,而不能根据已发生的或尚未发生的交易或事项进行确认、计量和报告。

第二,在遵循重要性和成本—收益原则的基础上,对会计信息的完整性进行全面的保障,包括应编制的报告和附属资料等,不得任意地遗漏或减少应披露的信息,以及与用户决策有关的有用信息。

第三,在财务报告中所包含的会计资料必须是中立的、无偏见的,在财务报告中,为达到预先设定的目的或效果而选取或列明相关的会计信息,以影响其决策与判断,则这种财务报告并不具有可靠性。

(二)完整性

事业单位要把所有的经济业务和事项都纳入会计核算,以保证财务状况、事业成果、预算执行等方面得到全面反映。

事业单位的会计信息具有综合性,是指其所提供的会计信息必须反映其在某一特定时期内的所有经济活动和运作的全过程,具有连续性;在空间上涵盖了各部门、各单位的会计资料,其内容涵盖了所有的会计要素,因而可以全面地反映事业单位的财务状况、事业成果和预算执行情况。

(三)及时性

事业单位对已发生的经济活动和事务,应当及时进行会计处理,不能将其提前或延迟。

会计信息的价值体现在对事业单位所有者和其他企业进行经济决策上,是一种具有时间意义的信息。而那些可靠的、相关的会计资料,若不能及时地提供,就会丧失其时效性,从而使其对用户的价值大打折扣,甚至没有任何实用价值。会计确认、计量、报告的及时性,一是指会计信息的及时采集,也就是在经济活动或事项发生后,对各类原始单据、凭证的收集和整理;二是对会计信息的及时处理,是指根据会计准则,对经济活动和事项进行及时的确认和计量,以及编制会计报告;三是及时传达会计信息,也就是根据相关的时间和国家规定的时间,将所做的会计报告及时传达给会计报告的使用者,以方便他们的使用和决策。

在实际操作中,为及时地提供会计信息,相关人员必须在所有相关的交易或事项的相关信息得到之前进行会计处理,以达到对会计信息的及时性的要求,但是也会对其真实性产生一定的影响。相反,如果事业单位在取得与交易相关的所有信息后才进行会计核算,则由于时间问题,其对政府和其他会计信息的用户的有效性将会大大下降。这就要求在时间和可靠性之间做出适当的折中,以便更好地满足诸如政府这样的会计信息用户的经济决策需求。

(四)可比性

事业单位所提供的会计信息应具有可比性。同一事业单位在不同的时间内,从事相同或类似的业务或事项,其会计政策必须统一,不能任意更改。如有必要变更,应在附注中注明变更的内容、理由和对单位的财政和工作成果的影响。

(五)相关性

事业单位所提供的会计信息,应该与事业单位反映的受托义务、会计信息使用者的管理和决策需要相关,可以帮助会计信息使用者对其过去、现在、未来的状况作出评估和预测。

会计信息质量相关性要求事业单位在确认、计量和报告时,必须充分考虑用户的决策方式和信息需求。然而,相关性建立在可靠的基础上,二者没有冲突,也不应该相互对立。即在保证可靠性的前提下,会计信息的相关性应尽量满足事业单位会计信息用户的决策需求。

(六)明晰性

事业单位所提供的会计信息必须清晰、明了,便于使用者理解、使用。事业单位编制财务报告、提供会计信息是为了使用者能够高效地使用会计信息,必须使其对会计信息的含义有所了解,并理解会计信息的内容,从而使会计信息具有清楚、容易理解的特点。只有如此,相关人员才能更好地利用会计信息,达到会计报告目标,为相关单位提供有用的决策信息。

第三节 事业单位财务会计与企业财务会计、管理会计的异同

一、事业单位财务会计与企业财务会计的区别

(一)事业单位财务会计与企业财务会计的构成要素不同

事业单位从本质上来说属于非营利性机构,是指以社会福利为主要目标,满足社会文化、教育、科学、卫生等方面的需求而开展的社会组织。但是从企业经营的角度来看,企业经营的核心目的在于创造经济效益、获得利润,相对来说物质性比较强。因此,二者在会计要素方面存在着极大差异。

另外,由于事业单位与企业在运行方式和运行结果方面也存在差异,所以这一点也

可以体现出两者构成要素存在着不同之处。构成事业单位会计的基本要素有5种，分别是资产、净资产、收入、支出、负债；而构成企业会计的基本要素相对较多，主要有6种，分别为资产、净资产、收入、利润、负债、所有者权益等。

1. 所有者权益和净资产的区别

以事业单位为例，单位内部的净资产从本质上来说属于资产净值，相对来说产权单一化，是由政府以及其他非营利性组织所拥有和管理的。而在企业财务会计当中所提到的所有者权益与事业单位当中的净资产含义是相反的，所有者权益指的是企业资产总额扣除负债之后的剩余权益，即经济效益。

2. 获得利润方面存在的差别

事业单位与企业在营利性质方面存在着一定的差异性，事业单位分三类：即全额拨款事业单位、差额拨款事业单位、自收自支事业单位，前者的收入全部是财政拨款，后两种形式的额外收入只是为了弥补财政拨款的不足，用来给职工发工资，都不以盈利为直接目的。而各类公司企业是自负盈亏的，它的发展进步需要依靠大量资金的支持，并且通过后期的盈利来维持进一步的运行运转。在当前市场经济环境下，如果企业在发展过程中无法获得盈利，那么自身也就不具备稳步发展的资格。

3. 收入方面存在的区别

事业单位收入主要包括政府补助、上级补助、事业收入、经营收入等。其中，事业收入是事业单位从事专业业务和其他附属活动而获得的收入，按规定上缴国库或财政资金专户的不算；经营收入是指事业单位从事非独立核算的业务活动和其他辅助业务以外的其他业务活动所产生的收益。而公司企业的收入主要是通过自身的生产或劳务，如生产并销售产品所积累而来的。企业的启动资金大部分源于个人的银行贷款或者集资，因此从法律层面来说，它的收入具备有偿性质的特点，获得收入之后需要进一步将收入反馈给企业用于生产经营当中。

4. 支出方面存在的区别

事业单位的资金来自财政拨款和事业收入等，主要用于开展该单位相应的专业业务活动及辅助活动。根本目的是兴办基础设施、开展公共业务，旨在为人民谋福利。而企业的资金支出方向是非常多的，如购买设备和原材料、招聘人才等，企业支出的根本目的是获得更多的经济效益。

（二）事业单位财务会计和企业财务会计的核算基础不同

财务会计工作不仅能够帮助企业进一步科学地规划自身的经营收入和支出，避免资金浪费，还可以明确资金流向，提升经济实体自身的管理效率。为了更好地满足当前市场的发展需求，事业单位和企业都需要进一步改进和优化自身的会计管理体系。

企业财务会计人员在进行资金核算的过程中，主要从成本和盈利两方面进行计算，核心目的是为了明确当前企业内部的财务预算情况并进行宏观性的调控管理。企业在进行会计核算时，主要采用了权责发生制，也就是根据接受付款的权利或者承担付款的义务来决定当期的收入和支出。这种方式需要会计人员严格按照应收应付相关的制度要求，依据相应的标准去确定具体的收入费用。

事业单位财务会计在进行核算的时候，采用收付实现制和权责发生制两种方式并行。

收付实现制是指以款项的实际收付为标志来确定本期收入和支出,被认为是现金制度或者说是实际收付机制,它主要是通过记录实收款和实付款来确定收入和费用的会计处理方式。

权责发生制能准确地反映特定会计期间的经营成果—资产、负债及运行成本。但反映整体财务状况时也存在局限性。收付实现制核算简单,通俗易懂,能预警财务风险,但不能全面、准确地反映经营实体的经营成果,二者各有利弊。

(三)事业单位财务会计与企业财务会计的核算内容与方法不同

事业单位和公司企业在面对不同类型的资产时所采取的会计处理方式也不同。比如对于固定资产出现亏损的情况,企业通常会结合当前固定资产的折旧情况进行记录并累积折旧。而事业单位会计会直接将亏损转到待处置资产的账户里面,将其价值进行重新核算并归类到待处理的损益范围中。事业单位内部的核算内容不包括成本核算,它本身的资金来源是无偿性质,所以只需要核算盈利性业务的盈利情况即可。除此之外,由于事业单位和公司企业所涉及的业务不同,所以他们所涉及的会计核算科目也不同。前者所涉及的业务比较单一,所以会计核算所涉及的科目也比较简单。后者由于业务复杂多样,会计核算涉及更多的针对性科目,相对来说更加全面和详细,这样能够进一步精确监督每项资金的流动情况,加强自身的财务管理效率。

(四)事业单位财务会计和企业财务会计的核算等式不同

对于事业单位来说,资金收入的使用途径是具有明确要求的,绝对不允许出现资金滥用,管理方面更加严格。事业单位财务会计的核算等式是动态性的,总体的支出等于收入、负债以及净资产的总和。根据这一等式,我们可以对事业单位日常开展活动的收支结余以及净资产的具体情况有一个非常清晰的了解。而企业财务会计等式是静态性的,企业所具有的总资产是所有者权益与负债情况之和。通过对这种等式关系进行分析,可以初步明确企业财务会计内部的基本数量关系,以及具体资产的归属情况。企业拥有者与企业之间是互相独立的,该等式可以用于编制企业内部资产负债情况表。

(五)事业单位财务会计和企业财务会计的财务报表不同

事业单位的财务报表包括资产负债表、收入费用情况表以及现金流量表等。通过研究事业单位的财务报表,可以明确该单位在特定会计期间的财务运转情况和经营成果,能够在一定程度上体现出单位自身的资金使用状况。另外,编制财务报表是单位对上一阶段自身经营发展情况的重要总结,能够给各级财政部门下一年度的拨款数额提供参考,进而有效地加强对事业单位资金预算的管理。

企业的会计报表主要涉及资产负债表、利润表、现金流量表和所有者权益变动表。与事业单位不同的是,企业在资金运转方面更加注重利益,确定核心内容去制作财务报表,能够帮助企业决策者掌握企业资金的流向和所得利润的具体情况。在此基础上,企业领导者能够进一步把握市场动向,作出更加正确的经营决策。

(六)事业单位财务会计和企业财务会计的复杂性和目标不同

事业单位把所获资金用于开展不同领域的公共服务,并没有涉及生产销售和追求盈利等内容。因此,会计人员在开展会计核算工作的时候,只需要考虑资金的收支管理即可，核算流程相对简单，操作起来也相对容易。但是企业的资金来自贷款或者集资，具有有偿性的特点，要求利益最大化，需要通过生产和销售来获得资金增值。因此，会计人员在针对企业财务情况进行核算的过程中，需要涉及更加多样化的内容，相对来说流程比较复杂，操作起来更烦琐一些。

从核算目标的角度来看，事业单位之所以开展会计核算工作是为了监督资金的使用情况及使用效果，进而更好地调整资金使用方向，加强资金管理。企业开展会计核算，则是为了明确资金流向及盈利情况，进而调整投资方向，减少成本投入，获得更多的经济效益。

二、事业单位财务会计与管理会计之间关系分析

(一)财务会计与管理会计之间存在的密切联系

事业单位财务会计与管理会计之间的关系，可从以下方面进行分析：首先，无论是管理会计还是财务会计，都是企业管理的一个重要组成部分，都是会计的分支。财务会计的主要工作就是对基本的财务数据进行处理，确保各方面的工作都有科学的依据，从而为机构的重大决策指明方向。无论财务会计或是管理会计，其目标都是为了维持机构的持续发展，并在保证会计使用的合理性、与管理会计的融合与协调配合下，使机构能够持续地发展，并具有更大的经济效益。其次，财务会计与管理会计是保证会计工作顺利进行的前提，财务会计以事业单位财务管理与日常管理为基本依据，而管理会计的工作过程则是以财务会计为基本依据，完成财务报表的制作，然后再实现基本资源的利用和补充，从而实现会计管理的目标。最后，在信息资源的供给上，财务会计与管理会计之间存在着平等的关系，在深化改革以前，事业单位的工作重心是财务会计，而忽视了对管理会计的关注，而且在获取信息的方法上也有不同。在新的形势下，要使事业单位能够更好地适应新的经济常态，就必须通过明确财务会计和管理会计的独立性，使二者之间的分工更加合理，同时也要更加注重二者的融合发展。

(二)财务会计与管理会计之间存在的具体差异和区别

事业单位财务会计与管理会计之间存在着一定的差异和区别，首先，财务会计和管理会计的工作重心是不同的，财务会计主要是负责信息记录，还有编制报表和账簿等工作，并在为其他部门提供对应服务的同时帮助管理人员开展决策工作。而管理会计则以人事管理为主要工作内容，实行内部管理，改进财务报表，注重实际工作中的预测管理。其次，二者在信息反映的时间上存在着一定的差别，即财务会计以以往的数据资料信息为主要依据，并通过相应的措施对其进行合理的处理，从而为管理层的决策提供依据。与之相比，管理会计更注重于对未来的预测与控制，同时，它也利用了当前的财务报表，从而对信息进行有效的调节，具有较强的经营性。最后，在信息需求和工作模式上有一定差异，它对财务会计信息的格式要求比较严格，对数据的完整性和精确度也有很高的要求，整个工作过程具有很强的模式化特征，而相对于会计信息的管理则不那么严格，工作模式也具有很大的灵活性。

第二章 事业单位的审计管理

第一节 审计概念与分类

一、审计概念及要素

(一)审计概念

关于什么是审计,不同的学者给出了不同的意见。

美国会计学会于1972年在《基础审计概念的说明》中认为:审计是一种有组织的程序,目的是确定各标准间的经济行为和活动的表现是否一致,从而对相关的证据进行客观评估,并将其结果与利益相关的组织或个人进行交流。

在阿尔文·阿伦斯、兰德尔·埃尔德、马克·比斯利等人共同撰写的《审计学》一书中指出,审计就是收集和评价信息,以判断和汇报信息与建立的准则之间的一致性。审计工作应该由具备独立能力的人员进行。

《中华人民共和国审计法实施条例》第一章第二条中对于审计的表述为:"审计法所称审计,是指审计机关依法独立检查被审计单位的会计凭证、会计账簿、财务会计报告以及其他与财政收支、财务收支有关的资料和资产,监督财政收支、财务收支真实、合法和效益的行为。"

我国著名审计学家指出,审计是一种独立的、专门的组织或个人,受委托或授权,对被审计单位的财务报告和相关信息、经济活动的真实性、合法性、合规性、公允性和效益性进行审查、监督、评价。

中国注册会计师协会认为,会计报表审计是指注册会计师对因舞弊或差错而产生的重大差错的判断,并以正面的态度发表意见,提高非管理层以外的财务报告使用者对其财务报告的信任。

(二)会计与审计的区别

许多财务报告使用者和大众会对会计和审计的区别产生疑惑。产生疑惑的原因在于,审计都是关于会计信息的审计,审计人员一般都被认为是处理会计事项的专家。还有一个原因是,处理社会审计工作的独立人员被称为"注册会计师"。

会计是以货币为计量单位,对一系列经济事项进行记录、分类、核算、汇总和呈现的经济活动,目的是为了进行决策提供经济信息。为了提供这些有用的信息,会计人员必须熟谙会计原理和会计准则。此外,会计人员还必须掌握一套处理方法,能够将经济活动和成本情况进行全面、系统、综合的记录。

审计在进行数字核算的时候,注册会计师主要关注的内容是能否判断财务报表里的数字合理地反映了一定期间的财务状况、经营成果和现金流量。要进行合理判断,注册会计师必须熟稔会计准则和标准。

此外,为了理解和判断会计报表,注册会计师必须获得和积累审计证据,以对会计报表里的信息进行验证。这是审计和会计最大的不同。判断获取审计证据的目标,评估审计证据的可靠性和数据的充分性,形成审计结论,这是注册会计师而不是会计师独有的工作。

(三)审计中的三方关系

在审计过程中,存在着相互独立的三方。在三方关系中,被审计单位的主要职责是提供财务信息,并且保证财务信息的真实、完整、可靠。因此,被审计单位应当设计、维护、执行必要的内部控制,使财务信息能够按照适用的编制基础的规定,公允地制造出来,恰当地表达出来。

外部信息使用者,一般包括投资者、债权人、政府、银行等部门,其最主要的职责就是向管理层提供资本。外部信息使用者希望能够及时、准确地获得与其相关的财务信息。

审计人员作为独立的第三方,对被审计单位提供的财务信息进行鉴证并出具证明文件。独立性是对审计人员最基本的要求,也是审计职业道德的核心要求,审计人员应当保持独立性,不偏不倚、客观公正地发表审计意见。

(四)审计结果提供的保证程度

根据审计发表的审计意见的保证程度的不同来划分,可以把保证程度分为绝对保证、合理保证和有限保证。

1. 绝对保证

绝对保证程度最高,表明审计对审计报告中记载的所有交易和事项、余额都有绝对把握来保证其客观公允。绝对保证只是在理论状态下存在,在实际生活中很难实现。

2. 合理保证

合理保证程度比绝对保证要低,合理保证在可接受的审计风险下,以积极的方式提出意见,表明审计者对审计报告中记载的交易、事项和账户余额在重大方面不存在错报的提供意见,提供较高水平保证。由于审计资源和审计方法的限制,目前审计主体鉴证业务能够提供的保证程度是合理保证,即需要在审计过程中采用丰富的审计程序,不断获取充分、适当的审计证据,并需要用恰当的措辞来发表审计意见。

3. 有限保证

有限保证程度要低于合理保证,有限保证适用于对保证程度要求不高的审阅业务中。比如,注册会计师出具审阅报告常用有限保证,有限保证的措辞采用消极意见,以"没有发现……不存在重大错报"为措辞。有限保证所需要的审计证据数量较少,提供的保证程度不高,一般采用询问和分析性程序。

二、审计分类

审计分类是从不同的角度对审计的实质进行阐释,以便加深人们对审计本质的理解,更好地发挥审计的职能作用。

(一)按审计主体不同分类

按审计主体的不同,审计可以分为政府审计(国家审计)、社会审计和内部审计。

1. 政府审计

政府审计是指政府机构进行的一种审计,又称国家审计。政府审计的对象一般是公共资金,审计的标准是真实性、合规性和效益性。

2. 社会审计

社会审计是指社会中介组织进行的一种审计。社会审计通常是由被审计单位接受委托进行的,它主要针对被审计单位的财务报告是否符合法规制度规定、是否具有公正性、是否存在其他的审计问题。

3. 内部审计

内部审计是由单位本部门或者本部门内专职进行审计的机构或人员进行的审计。企业内部审计部门根据独立性的不同,可以分为隶属于治理层和隶属于管理层的部门,内部审计的对象可以是本单位的经济活动,也可以是计划预算,内部审计的标准是真实性、合规性和效益性。

(二)按审计模式的特点分类

从审计的目标和审计技术手段上来看,审计的发展历史大致可以分为三个时期,分别是账项基础审计阶段、制度基础审计阶段和风险导向审计阶段。

1. 账项基础审计阶段

账项基础审计阶段是审计的早期阶段,早在11世纪,地中海沿岸的银钱业商人不但自己收存经营上的银钱付给利息,也将多余的银钱贷款给其他经营商人收取利息。为了保证收取的利息与预先的约定一致,就需要对经营商人的经营情况进行核对,这就是早期社会审计的开端,其标志就是1720年英国的南海公司破产案,当时被人们聘请对南海公司的账务进行审查的查尔斯·斯奈尔成为历史上第一位社会注册会计师。

这个时期由于企业的业务量不多、发展规模不大,逐项审计是可以实现的。账项基础审计的目标是查漏、防止舞弊、维护公司财产安全,运用了以企业股东为主体的会计账目进行详尽的审计。

2. 制度基础审计阶段

制度基础审计阶段是社会审计发展的第二个阶段,主要是1933年经济危机后到20世纪80年代前。制度基础审计强调对企业内部控制制度进行评价,在此基础上决定实质性审计的时间、性质和范围,这就与以前基于账项的审计模式有了很大不同。

这种改变的原因是审计需求的变化。第二次世界大战后,企业发展的规模越来越大,集团公司、跨国企业不断涌现。为了有效地管理企业,管理层都相应建立了覆盖全面、执行有效的内部控制制度。投资者对于财务报告的质量的容忍度有所降低,即使存在未揭露的错报,只要不对财务报告产生重大影响,也可以不作为审计的主要目的。审计的主要目的在于对公司内部控制的设计和执行进行评价,发现薄弱之处,进行有重点的审查,这就大大提高了审计效率。

制度基础审计的弱点在于过于重视内部控制的审查,而忽视财务报告风险的其他环节,比如相同的公司制度下由于管理层理念的变化对企业经营业绩造成影响。另外,跨国公司的商业竞争愈演愈烈,宏观环境的变化、国家政策的影响等都会成为左右企业命运的风险因素,仅仅局限于本企业、局限于企业的内部管理制度,往往不能解释企业发展的命运变化,因此需要有一种能够宏观判断企业风险的审计方法。

3. 风险导向审计阶段

这是社会审计发展的第三个阶段,产生的时间大约在20世纪90年代后,主要原因是一些内部控制制度完善的大型公司通过各种方法进行舞弊,以达到粉饰财务报告的目标。风险导向审计修正了制度基础审计偏重于企业管理制度而忽视其他风险方面的缺点,审计的重点分为三个部分,重点关注企业的重大错误报告的风险和注册会计师检查的风险。在审计工作中,首先要进行调查和分析,确定主要错误报告的范围,其次是对有重大错误报告的区域进行内部控制的审查,并据此开展大量的工作,以获取重大错误报告的证据。风险导向审计可以更好地把有限的审计资源用于更高的错误报告风险,有效地提高了审计效率,可以更好地达到审计效果。

第二节 审计组织与审计过程

一、审计组织与审计人员

(一)审计组织与审计人员的概念

1. 审计组织的概念

社会审计组织是具有审计职能或者具备审计能力的组织。根据审计组织的功能和服务对象,审计组织可以划分为政府审计组织、内部审计组织和社会审计组织。政府审计组织是指以国家为单位进行审计的部门;内部审计组织是在各单位或部门内设立的具有相对独立性的专业组织,负责开展审计工作;社会审计组织是指在法律规定的范围内,独立开展委托审计和相关咨询服务的审计机构。

这里以审计机构为对象,着重阐述了有关社会审计组织的内容。在我国,社会审计组织是指按照国家法律法规,由政府相关部门核准的注册会计师事务所。

2. 审计人员的概念

审计人员是指从事审计工作并完成审计任务的专业人员。根据审计组织的不同,审计人员可划分为政府审计人员、内部审计人员、社会审计人员三类。政府审计人员是在政府的各级审计机构中担任公职的人员,属于国家公务人员;内部审计人员是指在单位内部设立专门的内部审计组织进行内部审计的人员;社会审计人员是指被委托从事审计、咨询和服务的社会审计组织。在我国，社会审计人员的主体是注册会计师和审计助理。

（二）会计师事务所

会计师事务所是一家具有法律效力的承办注册会计师事务的机构，是一家以营利为目的的中介服务机构。

1. 国外会计师事务所的组织形式

纵观注册会计师行业在世界各国的发展，会计师事务所主要有独资、普通合伙制、有限责任公司制、有限责任合伙制四种组织形式。

（1）独资会计师事务所

它是指拥有注册会计师职业资格，并负有不受限制责任的独立法人。它的优势在于业务灵活，可以满足中小型企业的代理记账要求。在税务代理等方面，尽管有无限的义务，但优点是实际的危险程度却比较小；缺点是没有能力做大的生意，没有发展的后劲。

（2）普通合伙制会计师事务所

它是指由两个以上的注册会计师组成的公司，其共同财产对其负债负有不受限制的连带责任。它的优势在于可以有效地扩展业务，扩大规模，并能有效地控制风险；其不利之处在于，成立一家大的合伙公司需要一段时间，而在此期间，由于合伙人在业务上的过失或欺诈，将会导致整体的损失。

（3）有限责任公司制会计师事务所

它是指该机构进行股份认购，注册会计师以其所认购的股份对该机构负有有限责任的公司。它的优势是可以快速地扩张规模并发展业务；其不足之处在于，由于风险的限制，减少了注册会计师的风险责任，削弱了注册会计师的责任。

（4）有限责任合伙制会计师事务所

它是指事务所用自己的资产对债务负有限的责任，而合伙人则是对个体的执业活动负无限责任。它最突出的特征是将合伙制与公司制的优势结合在一起，扩大了事务所的规模，并使注册会计师能够更好地关注自己的执业风险，从而为业内所认可。目前，有限合伙制成为了注册会计师行业的组织形态发展趋势。

2. 我国会计师事务所的组织形式

在我国，不允许注册会计师个人设立独资会计师事务所，财政部颁布了《会计师事务所审批和监督暂行办法》，明确了关于设立和管理的有关内容；在《会计师事务所审批和监督暂行办法》中，关于设立普通合伙、特殊普通合伙、有限责任会计师事务所等方面的内容做了明确的规定。我们可以看到，在中国，会计师事务所的组织结构正在发生着变化。

为推进大中型会计师事务所采取特殊普通合伙制，以促进我国会计师事务所的发展壮大，采用特殊普通合伙组织形式的会计师事务所，一名或多名合伙人因故意或者重大过失导致合伙企业债务的，应当承担无限责任或者无限连带责任，其他合伙人以其在合伙企业中的财产份额为限承担责任。合伙人在经营活动中，由于不是故意或重大过失而导致的合伙债务，并对合伙企业的其他债务，均应负无限连带责任。

（三）注册会计师

注册会计师是依法取得注册会计师证书并接受委托从事审计和会计咨询、会计服务业务的执业人员。

1. 注册会计师资格的取得

（1）报考条件

中国公民应具备以下条件，可申请参加注册会计师全国统一考试：具备完全民事行为能力；具有高等专科以上学校毕业学历，或具有会计及相关专业的中级及以上技术职称。

凡有以下情况之一的人员，均不能报名全国注册会计师考试：因被吊销注册会计师执业资格，从处罚决定之日起到申请报名前5年内；以往一年参加注册会计师全国统一考试，因违纪被罚期限未满者。

（2）考试内容

考试分为专业阶段考试和综合阶段考试两种。考生必须完成所有专业科目的学习，方可参加综合阶段考试。专业阶段考试设会计、审计、财务成本管理、公司战略和风险管理、经济法、税法六个科目；综合阶段考试设置了专业技能综合测试一个科目。具备财会及相关专业高级技术职务的人员，可申请免考一门专长科目。

每年由财政部考委会公布的招生简章规定考试的具体时间，由财政部考委会每年公布的考试大纲决定。考试采取封闭式，以计算机化考试方式或纸笔考试方式为主。每年由财政部考试委员会公布的报名简章中明确登记的具体时间，由当地考试委员会决定，并将其公布。

报名人员可以在一次考试中同时在专业阶段考试中报考6门或部分科目。各科目的考试都采用百分制，以60分为及格分数线。专业阶段考试单科考试的合格成绩在5年内有效。经财政部考委会审核，对连续5年获得专业资格考试各科目合格者，由财政部考委签发注册会计师全国统一考试阶段合格证书。对取得综合阶段考试科目考试合格成绩的合格者，财政部考委会颁发注册会计师全国统一考试全科考试合格证书。

（3）注册登记

持有注册会计师全国统一考试资格证书者，均可进行注册，包括凡未从事会计工作者，可申请为注册会计师非执业成员，即不能执业。取得注册会计师国家统一考试资格证书，并在注册会计师事务所工作2年以上，可以向省、自治区、直辖市申请注册会计师注册，成为执业会员即注册会计师。

2. 注册会计师的业务范围

注册会计师在履行其业务责任时，应加入一家会计师事务所，因此，注册会计师的工作领域就属于该会计师事务所。

（1）我国《中华人民共和国注册会计师法》规定的业务范围

《中华人民共和国注册会计师法》明确，注册会计师从事的是审计、咨询和服务。其中，审计是一项法定的工作，非注册会计师是不能从事的。

审核工作主要有：审核公司的财务报表、编制审核报告；核实公司的资产，提供验资报告，进行合并；负责分立、清算等方面的审计工作，并提供相关报表；完成法律、行政法规规定的其他审核工作。

在实际工作中，会计咨询、会计服务业务主要包括下列业务：财务会计体系的设计；提供会计、财务、税务等方面的咨询服务；代理记账；代理税务申报；代理公司的注册、合同、章程和其他财务文件的起草工作；审计公司的财务预测，资产评估，参与项目的可行性分析。

（2）我国现阶段注册会计师的业务范围

1993年，我国颁布了《中华人民共和国注册会计师法》，1994年正式施行。2014年8月31日第十二届全国人民代表大会常务委员会第十次会议《关于修改〈中华人民共和国保险法〉等五部法律的决定》修正进一步完善了注册会计师的业务规范。在实践方面，由于注册会计师的国际化趋向，其业务领域也随之扩大。从当前的发展趋势来看，我国会计师事务所的审计业务比例正在逐渐降低，其经营领域也逐渐多样化，而非审计鉴证业务及其他相关服务的类型也在不断增加。一般情况下，会计师事务所的经营范围主要包括鉴证业务和相关的服务业务。

二、审计过程

风险导向审计是当前的主要审计手段，它需要注册会计师对重大差错进行识别与评价，并制定与执行相应的审计程序，以解决重大错报的风险，并在所提出的审计结论的基础上提出适当的审计建议。

（一）基于风险导向审计的特点

在20世纪90年代，相继有一些著名的国际公司发生财务舞弊丑闻，那些经营失败的投资者为了挽回损失，往往将做了财务报告审计业务的注册会计师和会计师事务所连同公司一起起诉。我国发布了与国际审计准则趋同的《审计机关审计重要性与审计风险评价准则》。这一系列的准则构建了风险导向审计的整个过程。

风险导向审计有如下特点：

1. 要求注册会计师必须了解被审计单位及其环境

注册会计师对被审计对象和环境的认识是风险导向审计的出发点；对被审计企业的行业背景、法律环境、监督环境等进行全面的认识；了解被审计单位的经营特点和主要财务指标等，以获得对被审计单位的基本认识，为后面执行审计工作打下基础。

2. 要求注册会计师必须将风险评估程序贯穿整个审计过程

风险评估需要注册会计师在整个审计程序中结合被审计单位的情况识别风险，评估错报发生的领域和表现方式，并考虑如何进行风险应对。

3. 要求注册会计师将识别和评估的风险与审计程序挂钩

注册会计师在安排审计程序的性质、时间和范围时，应当将其与识别和评估的风险结合起来，有针对性地进行安排，避免脱离实际情况。

4. 先要求注册会计师对重大错报风险实施实质性程序

注册会计师应当在风险评估的基础上，进一步进行控制测试，在测试的基础上实施实质性程序，这样可以将有限的审计资源更有效地合理安排。无论是否进行控制测试，实质性程序是必须进行的。

5. 要求注册会计师在审计过程中，做好审计工作的记录

注册会计师应当将审计目的、审计程序、审计证据以及审计结论等做好详细记录，以便为形成审计意见提供基础，同时也是明确责任、保证业务质量的重要证据。

风险导向审计紧紧围绕财务报告重大错报风险来执行业务,有利于降低审计失败发生的概率,有利于明确审计责任,保证审计质量,提高审计工作水平。

(二)审计风险

审计风险是在存于重大错报风险的情况下,注册会计师发表了不恰当意见的可能性。审计风险主要是描述与审计过程相关的风险,不包括注册会计师因执行业务而产生的法律后果,比如因发生法律诉讼或者负面宣传等造成的损失的可能性。

1. 重大错报风险

重大错报风险主要是指与被审计单位有关的风险。重大错报是一种与审计无关的重大错误报告,它是一种在审计之前就已经发生的危险。重大错报风险会影响到整个企业的财务并购,从而影响到多个企业的判断。重大错报风险也许是由于缺乏有效的内部控制,比如企业文化没有建立正确的价值观、管理层不重视诚信等,会对企业未来发展产生影响。重大错报风险也可能源于行业背景或者经济环境的变化。在重大错报风险中,注册会计师必须保持专业的怀疑,提高其不可预测性,并加强对缺乏经验的审计师的监督,以应对重大错报风险。

重大错报风险也可能是认定层次的,仅涉及一些特定的事情或确定。在确定层面上,重大错报风险可以划分为固有风险和控制风险两种类型。固有风险是指一类交易、账户余额或认为容易出现重大错报风险而不受内部控制的影响。比如复杂的交易比简单的交易更容易出现风险,出现的进步技术可能导致落后产品被淘汰进而影响到存货的计价认定。控制风险是指在财务报表中存在着一定程度上的重大错误报告,但由于内部控制无法预防、发现和修正其错误。控制风险主要取决于内部控制的设计以及是否得到一贯执行,比如内部控制设计存在缺陷或者设计完美的内部控制没有得到有效执行。

2. 检查风险

检查风险是一种与会计师事务所有关的风险。检查风险是指审计报告中有重大错误报告但未被注册会计师察觉的风险。检查风险的大小,主要取决于审计流程的设计和实施的有效性。因为注册会计师能够合理地确保不存在重大错报风险,不需要对财务报表中所有的交易、事项和余额披露进行审查,所以检查风险不能降为零。检查风险可以通过派遣更有经验的审计人员、扩大审计范围、获得更多的审计证据、保持职业怀疑等方法来降低。

重大错报风险和检验风险之间存在着逆向的关系。在会计师事务所与委托人签署审计委托书进行审计的同时,也就意味着审计风险的上限已被确定。当审计风险确定时,当存在较高的重大错报风险时,应减少检查风险。

在执行业务的过程中,如果通过初步业务活动了解到被审计单位的重大错报风险水平较高,那么就需要派遣有专业胜任能力和职业道德强的审计师、在审计过程中进行更多的督导、扩大审计范围等降低检查风险,以有效控制审计风险。

(三)审计过程

风险导向型审计模式要求注册会计师在进行审计时,要围绕重大差错进行识别、评估和应对。所以,审计过程可以被划分成下列阶段:

1. 初步业务活动

初步业务活动从会计师事务所和被审计单位接触开始，到决定签订委托书为止。如果会计师事务所以前未与委托方签订业务，本次业务属于首次接受委托，那么属于"接受"该业务；如果会计师事务所已经与委托方签订了长期合作业务，在合作期间内，通过初步业务程序来判断具体情况，决定是否继续接受委托，是否需要修改约定条款，如果继续进行委托合作，那么属于"保持"该业务。

根据注册会计师的要求，会计师事务所必须审慎地决定是否接受或维持与特定的审计业务。在初期的业务活动中，主要是从业务执行过程中获取的信息：被审计企业是否有信用问题，从而造成过高的重大错报风险；会计师事务所的注册会计师是否具有执行该业务所需要的专业胜任能力和独立性，是否遵守职业道德守则的规定，是否具有完成该项业务所需要的时间和资源。

在获得上述信息后，会计师事务所对被审计企业的重大错报风险进行了评估。如果重大错报风险很高，不足以将其降低到可接受的低水平，那么会计师事务所可以考虑拒绝保持或接受该项业务。

会计师事务所作出的一个最重大的决定是接纳并留住顾客。若不能对重大错报风险进行正确的评估，将会造成大量的资源浪费，给项目团队和合作伙伴带来更大的压力，甚至有可能造成审计失败，从而对事务所的信誉造成损害。

2. 计划审计工作

当签订了审计业务约定书以后，就确定了审计目标，接下来就围绕着审计目标制订审计计划。

恰当的审计计划可以合理地分配审计资源、有效地完成审计工作，达到审计目标，形成审计结论。在编制审计计划时，主要工作是制定整体审计战略，制订特定的设计方案。

审计计划制订以后，如果发现了未预期的事项或者审计条件发生了变化或者不能获取充分适当的审计证据，注册会计师应当及时调整总体审计策略和审计计划。调整的核心就是围绕如何更好地完成审计目标而进行。

3. 进行风险评估

编制完审计计划后，注册会计师根据审计计划，对被审计单位和所处的环境进行认识，并对重大错报风险进行评估。

了解被审计单位及其环境，为注册会计师在后续的审计程序中在关键环节作出职业评估奠定了基础。了解被审计单位及其环境，需要从被审计单位的外部因素到内部因素都进行了解，在了解的过程中不断地收集、讨论、分析信息。在获得信息后，注册会计师需要及时识别风险，如果确定是风险，那么要进一步确定是报表层次风险还是认定层次风险，评估风险产生影响的范围，评估风险产生的概率，考虑如何应对风险。

4. 应对重大错报风险

在进行了一次风险评估之后，注册会计师无法获得足够的、适当的审计证据来出具审计报告。

在应对重大错报风险时，要从报告层次风险或认定层次风险上进行风险识别，在报告层次风险上，则采取整体对策；如果是认定层次风险，则需要进行更多的设计程序，其中包含了控制试验和实务过程。

在实务过程中,注册会计师要合理地作出职业判断,采取适当的审计程序,获取足够的、合适的审计证据,以作为出具审计意见的依据。

5. 编制审计报告

审计工作结束后,注册会计师应对已完成的审计工作进行审查,并根据所获得的审计证据作出判断,并出具审计意见。

第三节 事业单位的管理审计与财务内部的审计管理

一、事业单位的管理审计

目前,由于事业单位审计范围的扩大,审计人员数量明显不足,审计资源利用不充分。除此之外,基层审计提供的审计报告建议以细枝末节为主,缺少综合、顶层的审计产品,审计报告甚至无法直接服务于领导层决策。在以全面深化改革为工作重点的前提下,管理审计结合实际进行优化转型、确定审计重点以及规划审计流程,可以减少审计资源的浪费,使更多的审计力量实现审计全覆盖。管理审计的目标在于提高被审计单位的资源分配效率,因此在国家和机构审计中得到了广泛的应用。管理审计是对被审计单位管理活动的效果性、效率性和经济性进行确认和评估的过程,其目标是对管理工作的管理质量、管理机构和人员的素质和能力进行评估,从而促进管理的加强和提高经济效益。经济责任审计、国家重大政策措施跟踪审计、事业单位绩效审计等,都是行政审计工作的重要内容。事业单位审计的免疫系统就是基于管理审计的风险防范作用而提出,并以其独特的抵御、揭示和预防功能服务于经济建设大局。

对于什么是管理审计,国内外至今还没有统一的说法。然而,从国内外学者的研究来看,管理审计中存在着一些重要的概念,即管理审计是一种监督、检查、评价和深入分析的活动。

1932年,英国的管理专家、工业顾问罗斯的专著《管理审计》出版后,在整个行业中,人们对管理审计的理解和关注主要有以下四个方面:管理人员重视整体管理过程、管理活动、管理质量的审查,管理审计采用"自我审计""访谈式管理审计"和"业务评价"等方法进行管理审计工作。内部审计界注重审查业务活动、管理控制制度,注重为管理部门提供服务,以"业务审计""制度审计""业务审查""管理导向审计"等形式,作为管理审计的代表。民间审计界强调审计的独立性和客观性,着重于管理陈述、管理业绩、管理控制和管理活动的审计,并以"独立管理鉴证审计""外部管理审计""独立管理陈述""独立管理评价审计"和"综合管理审计"代表管理审计。政府审计界的工作强调对管理活动或经济绩效的审核,强调对经济、效率、效益、甚至是公平、环境的审计,以"经营业绩审计""经济业绩审计""3E审计""货币价值审计""效率审计""绩效审计""5E审计"等为管理审计的代表。尽管在实际工作中，管理审计工作的侧重点不同，但大家都一致认为，管理审计与财务审计相比，是一个相对独立的概念。与财务审计以资产、负债、损益的真实性、合法性和效益性为目标的审计相区别。在审计工作中，不管从哪个角度进行审查、评价，都涉及管理工作。王光远教授认为，要从信托责任关系的角度来理解管理审计的概念，规范管理审计的内涵，由于管理审计是从受托人的财务责任向受托人的责任演变而来的。相应地监督受托人的财务责任履行情况，管理和审计监督人的受托管理职责履行情况，机构管理审计的转型思考。

（一）转移关注点，着眼政府组织制度缺陷

现代国家审计人员的审计思维如果只是按照财务审计的思维，是远远无法满足并促进改革发展的需要。当前，一些审计人员在进行审计时，仍注重对被审计对象的经济活动、行政活动是否符合法律规定，过分强调法律规范。如今在全面深化改革的背景下，国家治理体系正在不断地发展和完善，政府部门的制度、机制也需要适应新时代发展的要求，需要通过改革发展建立新机制。因此，政府管理审计不能局限于真实、合法、效益的审计目标，需要将关注点转移到改革面临的深层次问题上，突破监督职能的限制，大胆着眼政府及组织制度、机制中不适应改革潮流的管理流程。

（二）追求项目质量，提高审计工作效率

审计项目质量的高低决定了审计工作效率的高低，也影响了审计促进改革工作的推进情况。高质量的审计项目能揭示重大问题，提出具有针对性的建议，促使政府部门建立效果良好的规章制度。而想要设计高质量的审计项目，必须包含管理审计，依靠管理审计方法的多样性和内容的丰富性，结合实际情况展开审计。各地的优秀审计项目也从以前的财务审计转变到绩效审计以及如今的各种专项审计，管理审计的内容占比也逐渐加大，这说明政府审计也开始关注管理审计。而以促进改革为目的的政府管理审计更要争取审计项目高质量，提高审计工作效率，及时高效地为全面深化改革服务。

（三）扩大审计范围，覆盖国家治理体系

近些年，政府审计强调审计全覆盖，对审计对象、审计内容、审计过程的全方位覆盖，要求审计监督不留盲区和死角。如此全范围、全过程的审计覆盖，目的在于贯彻依法治国理念，加大监督审查力度，防止腐败。如今为促进改革，政府管理审计应在审计全覆盖的理念上再进一步，在审计对象、审计内容上扩大到对国家治理体系的层次。国家治理涉及的政治、经济、文化、社会等领域都是政府管理审计的审计对象，都是国家治理需要完善的领域。政府管理审计就是要把经济责任审计、政策落实跟踪审计、绩效审计和其他专项审计相结合，在更宽领域、更高层面发挥促进改革的作用。

（四）改进审计方法，结合创新与务实

在办公室里查阅财务账表和文件资料以求发现问题，是财务审计思维下的低效率的审计方法。审计也要跟上时代潮流，创新运用大数据分析，计算机审计等形式，将审计人员从耗时、烦琐的文件资料中解脱出来，提高工作效率。而空出来的审计人员要将更多的时间用在现场核实上，用在与相关人员的问询上，用在倾听群众心声上。这时候审计人员需要的是务实的态度，做到脚踏实地，不心浮气躁。创新的审计方法与务实的审计态度相结合，是政府管理审计促进改革的强力助手。

(五)增强审计效果,杜绝治标不治本

审计效果体现在审计报告和审计整改上。现在大多数的审计报告只是揭示出被审计单位的几点错误，而被审计单位也只是相应地改正了几点错误。所谓治标不治本，这种审计效果微乎其微，完全无法起到促进改革的效果。政府管理审计在增强审计效果的要求下，必须做到深刻揭露被审计单位存在的缺陷而非错误，被审计单位必须做到完善存在的缺陷，从制度、机制层面杜绝类似错误的发生。

二、事业单位财务内部审计管理

事业单位财务内部审计是指对于单位的财务活动合法性、真实性等进行客观评价审查的一个过程。财务内部审计对于事业单位财务管理水平提升意义重大，这些年事业单位改革越来越深入，对于财务内部审计工作也提出了更高的要求，事业单位需要与时俱进去完善财务内部审计，从而实现财务管理的健康发展。尽管目前很多事业单位都意识到了财务内部审计的重要性，并在此方面进行了一些有益的探索，但是因为财务内部审计本身专业性很强，很多事业单位财务内部审计水平依然偏低，这一定程度上导致了财务风险的增加，威胁到了事业单位的健康发展。在事业单位内外环境发生巨大改变的情况下，事业单位需要注重财务内部审计工作的有效开展，能够更好地把握财务内部审计要点，全面提升审计水平，从而为事业单位财务健康以及业务开展提供坚实的支撑。

(一)事业单位财务内部审计的意义

财务内部审计对于事业单位的健康发展来说意义重大，下面从以下几个方面对做好财务内部审计工作的重要意义进行分析。

1. 减少事业单位财务风险

当前事业单位改革不断推进，财务活动相比以往更加复杂，财务风险也随之增大，通过财务内部审计工作的有效开展，可以更好地对这些风险进行识别和控制。财务内部审计通过对事业单位财务活动相关资料进行分析，对财务指标进行计算，可以将一些外显的以及内隐的财务风险进行把握，继而警示相关部门去进行处理，有效提升财务管理的规范性，切实减少财务风险。

2. 事业单位健康发展需要

财务内部审计目前已经成为事业单位财务管理领域的一项常规性工作，对于事业单位来说，财务管理是单位开展各项工作的重要支撑，毕竟财务是不可或缺的。而通过财务内部审计，可以使财务管理活动更加规范有序，能够帮助事业单位更好地掌握自身的运行状况，从而了解发展中存在的问题，并能及时采取应对措施，实现事业单位的健康发展。

(二)事业单位财务内部审计问题

事业单位财务内部审计方面还存在很多的问题，这些问题主要集中在财务审计内容、审计方法、审计独立性、审计队伍等方面。

1. 事业单位财务内部审计内容不够全面

财务内部审计的内容需要根据审计目的、审计对象等进行灵活确定，从目前事业单位财务内部审计来看，审计内容往往千篇一律，没有做到根据审计工作开展的需要进行灵活调整。从财务内部审计来看，基本上就是集中在对于财务收支状况进行审计，缺少合规性、程序性等方面的审计，仅仅对于财务活动结果审计的弊端就是，难以发现财务管理活动中存在的程序、合规等方面的问题，从而无法提出财务管理活动改进方面的意见和建议，不利于财务管理规范性的改进提升。

2. 事业单位财务内部审计独立性不够

内部审计的一大特点就是单位内部相关机构负责审计工作，因此独立性比较差，很容易导致审计工作不够客观。事业单位财务内部审计工作同样存在这样的问题，审计机构也好、审计人员也好，很难做到地位超然，在财务内部审计工作开展中，难免会受到各方面的影响，例如领导打招呼或对于审计对象的求情而不好意思等。在财务内部审计独立性丧失的情况下，财务内部审计工作的真实性以及客观性也就难以保证，从而导致了内部审计工作难以达到预期目的。

3. 事业单位财务内部审计方法比较落后

事业单位财务内部审计方法基本上就是手工操作模式，更多的就是靠审计人员的主要经验得出审计结论，审计工作的信息化水平不高，审计基本上基于是基于财务活动结果事后审计为主。实践证明上述财务内部审计方法不仅效率较低，同时也容易出现差错，毕竟人的经验是有限的，很容易受到主观经验的影响而在财务内部审计结论方面得出错误的结论。而事后审计往往于事无补，不能做到提前进行财务风险的预警，不能够采取前瞻性的措施来解决财务管理问题。

4. 事业单位财务内部审计能力不足

事业单位的内部审计是一项专业性很强的工作，它对工作人员的各个方面都有很高的要求，而现实情况是事业单位缺少财务内部审计方面的专业人员。目前从事此项工作的人员能力还很欠缺，没有做好这一工作所需要的知识储备以及技能，从而严重影响到了事业单位财务内部审计工作的效果。

（三）事业单位财务内部审计策略

事业单位财务内部审计难度很大，要做好这一工作，需要统筹兼顾以下几个方面：

1. 事业单位财务内部审计内容要科学

事业单位财务内部审计内容需要根据审计目的、审计对象进行灵活调整，不仅要审计财务活动结果的真实性，财务收支状况，同时更要将审计重心向财务活动合法、合规方面进行倾斜，不仅要了解财务活动结果，同时要了解什么样的财务活动导致了现在的财务结果，从而更好地进行财务管理活动的纠偏。从这一角度来说，财务内部审计内容一定要科学设计，尽力避免审计内容偏颇的情况出现。

2. 事业单位财务内部审计方法要创新

从事业单位财务内部审计方法创新的方向来看，主要包括两点：一是要从事后审计向事中、事前审计转变，引入风险导向、前瞻性强的审计方法，从而及时把握财务管理风险，未雨绸缪地进行财务管理活动调整以及规范，提升财务管理水平；二是财务内部审计信息化趋势越来越明显，事业单位要将越来越多的信息技术引入到财务内部审计工作中，提升审计工作效率，减少审计差错。

3. 事业单位财务内部审计能力要提升

在事业单位财务内部审计能力提升方面，关键就是要根据这一工作开展的需要，一方面需要引进一些专业人才，或者是借助于外部审计机构的专业力量进行审计；另一方面则是要对负责这一工作的内部审计人员进行必要的培训，提升其专业能力，实现财务内部审计工作的更好开展。

4. 事业单位财务内部审计要独立

事业单位财务内部审计工作开展要保持良好的独立性，负责财务内部审计的部门以及工作人员一定要保持中立，避免来自各方面的干扰，要基于所拥有的审计资料进行客观全面的评价，得出来信度比较高的审计报告。

第三章 事业单位财务管理

第一节 事业单位财务管理内涵

财务是一个单位的重要部门，单位的正常运转离不开财务的管理。从本质上来说，财务管理是价值管理，起初的财务管理是随着经营活动而产生的，具体包括财务活动和财务关系，是一种财务关系工作办法。事业单位社会属性、所属行业和具体的社会环境的不同，直接决定了资金的运作方式的不同，最后的体现方式是相同的，即财务管理。所以，财务管理体现的是单位内部、单位与社会各个部门之间的经济关系，它也是事业单位管理的基础和核心，是事业单位管理的支柱。

一、事业单位财务管理的特点与基本理论

事业单位财政管理是对各级事业单位在预算、分配、调剂和利用的整个过程中，实行的行政管理和监督。

(一)事业单位财务管理的特点

1. 全面性

财务管理的全面性是指事业单位财务管理系统在时空层面上具有普遍性的制约功能。在此，时间是指企业的经营活动由始至终的整个过程，而空间则是企业经营活动的各个环节、各个方面。从理论上讲，事业单位财务工作的全面性应从内容的全面性和范围的全面性两个层面进行。

内容的全面性应包含人的管理和事的管理，也就是"管人管事"。事业单位对"人"的管理，需要各级领导高度重视财务管理活动，选择高素质的专业人士从事本单位和部门的财务管理工作，全面掌握财务周期中的经济业务活动、重大项目资金的使用状况，并能在宏观层面上作出判断和决策，如单位成本管理、风险控制等。对财务人员的要求是严格按照国家有关部门的会计制度，如实披露财务报告、经营风险等，能有效地控制单位的成本和利润，保证单位的资金开源节流，并与各部门进行有效的财务管理；"事"的管理涉及财务的讨论、决策、审批、授权、反馈等各个环节的管理，为保证单位的财务管理工作的顺利进行，必须设置合理的岗位，建立顺畅的财务目标实施程序。

范围的全面性是指单位内部的财政管理和外部的财务监督。在事业单位内部，管理

的范畴应包括预算管理、采购管理、固定资产管理、现金流管理、项目建设管理、合同契约管理、债务管理、信用管理等，并落实到每一项财务管理的细分活动。只有把每个细节都抓牢，才能推动整个事业单位的财务管理实现科学化、合理化、制度化。在事业单位之外，应当有来自上级和本级财政部门、有关审计部门、项目评估、资产评估、网络媒体、社会团体和公众的监督。监督的目标不在于监督工作本身，而在于加强事业单位财务工作的警惕性，让事业单位以"审慎、认真、负责"的态度，对人民群众所赋予的权利、资金等各种有形或无形资源进行合理的配置，减少委托代理问题。另一方面，它也可以为事业单位收集外界的意见和评价，能够帮助事业单位更好地为人民服务。

2. 重要性

在全面发展的前提下，事业单位更应该重视其重要性。马克思主义哲学中的"矛盾"是其重要的理论基础。主要矛盾决定了事物的本质，这就要求我们能抓住重点，分清轻重缓急，把重点放在主要矛盾上。

重要性对事业单位财务工作有两个基本要求：一个是要清楚自己的主要业务，并能在审计上清楚区分主营业务收入和非主营业务收入，也就是能够对收入、利润、成本、费用等各种不同的账款进行单独的会计处理，并且在月报、季报、年报等相关的财务报告中加以强调。事业单位在签订重要合同、购置大型固定资产等经济业务时，必须给予足够的重视。另一个是风险防范和控制的重要性，事业单位在进行工程建设和资本运作时，存在着一定的风险，比如合同的违约风险，在建工程的风险等，这些风险不仅会影响到事业单位的决策、经营、发展等各个环节，而且还会给事业单位带来巨大的冲击和挑战。在财务管理中，不能进行有效的风险预测与控制，会给事业单位带来无法估计的经济损失，使事业单位的经济效益受到影响，使事业单位的资源配置出现偏差，进而影响到整个社会的整体利益。所以，财务管理必须具备有效管理重大风险的能力。

3. 分权性

分权性是指事业单位在财务岗位设置、职能划分、权利授予、责任承担等方面的相互制衡与监督体系。

分权性最初起源于西方的政治制度，后来又被运用到了现代企业的经营理论中。同时，它对于事业单位的财务管理也有一定的参考价值。这种方法的根本机制在于，建立不相容的财务职位，把资金管理、信息管理、监督审计等各种权力组织起来，形成各部门既互相牵制又独立负责的交叉管理网络，使事业单位内部的财务管理层次向着扁平化、柔性化的方向发展。比如，在事业单位的岗位设置上，有两个职位：一个是会计，一个是现金，现金负责授权支付，会计负责财务信息录入。这是一种简单的权力下放的管理方式，但在某些事业单位，由于工作人员的工资和开支，往往会出现"现金"和"会计"是同一人的情况。另外，财务专用印章一人包办、会计和授权部门在使用财务处理软件时互相熟悉登录密码、不设立财务审计或对工作部门进行检查等均不能满足分权性的要求。

4. 灵活性

灵活性是指事业单位财务管理必须与国家有关法律、法规和单位的现实状况相适应，并能根据事业单位的外部环境、内部状况，及时调整和改进，重视经营效益，提高资本利用效率。

(二)事业单位财务管理的基本理论

1. 全面预算管理理论

企业在一段时间内对经营、投资、筹资等各个方面的整体规划叫作全面预算。全面预算的核心是全面,全方位、全过程、全员参与编制、与实施是它的特点。预算编制、预算执行、预算调整和预算考核就是一个完整的预算管理。其中,预算编制是基础,预算执行是核心,同时重视调整和考核的作用。

2. 内部控制理论

内部控制是单位自身保障系统,包括控制环境、监控、信息沟通和风险评估四个方面。在我国的内部控制体系中,财务管理的重点就是其内部控制,完美的内部控制可保障资金的安全性,资金的使用效率也会大大提高。内部控制具有全面性、权威性、适应性的原则。

3. 资产管理理论

资产管理指的是对各类资产的使用,包括经营投资、转借等。事业单位的资产是国有资产,因此,适用范围需要严格控制,资产的运作需要把控。

通过对三个理论的分析,我们可以发现,这三个理论是构成事业单位财务管理的准则,首先严控全面预算,在严控预算的过程中,严格遵守公司财务制度,加强财务内部管理,对于资金的使用严格把控,三者起作用就可以合理高效地进行财务管理。

二、事业单位财务管理对象

事业单位不同于企业追求利益最大化。站在事业单位的角度就能看到,为社会提供高质量的服务,是事业单位的职责。在净收入最大化的前提下,事业单位应该把更多的精力放在向社会提供优质、充分的服务和社会需要的产品上。不过部分研究专家也认为行政事业单位创造最大化的绩效也是其财务管理的重要目标之一,这种看法充分考虑到了行政事业单位特殊职责及其属性。事业单位财务管理的对象应该包括以下几个方面:

(一)筹资管理

我们要确保事业单位在为社会提供高质量的公共物品时,必须掌握一定数量的财政经费。随着我国社会主义市场经济体制的逐步健全和机构改革的深入,事业单位不再单纯依赖国家财政拨款而转变为通过各种方式筹集资金,资金来源逐渐拓宽,资金来源包括社会捐赠、教育投入、服务方应缴纳的资金,以及科技成果的收益和向债权人融资的资金;事业单位的资金也来自海外,比如来自有关的联合国机构,向世界银行提供的贷款。资金来源的不同,使用期限、限制条款或附加条件也各不相同,而且资本成本和资本风险的容忍程度也各不相同。事业单位要区分资金来源,合理选择筹资渠道。由于社会客观条件的变化,导致事业单位财务管理模式发生了很大的变化。在今后的财政管理中,事业单位既要从政府那里寻求财政上的支持,又要开辟一条新的筹集资金渠道,从社会上筹集资金。

(二)投资管理

事业单位投资是指事业单位对资金的利用与分配,包括无形资产的研发、中长期股权投资等。随着我国社会主义市场经济体系的逐步完善,事业单位自身实力不断增强,事业单位内部的建设规模也在不断扩大,对外投资的发展势头也随之加快。在事业单位上的投资可以是成功的,也可以是失败。投资经营是事业单位财务管理中的一项重要内容,与以往"孩子花钱不心疼"的状况相比,未来各事业单位也要慎重考虑对外投资的回收期、净现值以及投资方案的可行性。

(三)成本管理

在我国社会主义市场经济体制改革的背景下,我国事业单位的经营状况已经发生了很大的变化,在此背景下,事业单位的财务管理不再仅限于对预算基金的收支进行管理,而是应该采用以业绩为导向的财务管理方式,并以实现最大的收益为目的来强化成本管理。由此可见,事业单位的成本管理水平对其业绩有很大的影响。尽管由于种种原因,目前事业单位还没有形成一个完整的成本核算系统,但是,这种状况将会随着事业单位改革的不断深化而发生变化。近年来,我国高校、医院等事业单位相继进行了收费制度改革,这不仅是由于财政上的改进,更多的是由于公众对公共服务的需求而产生的压力,使得事业单位在经营管理中必须重视事业的产出和费用。降低成本,提高资产和资金使用率,将是事业单位财务资产管理的一项重要任务。

三、事业单位财务管理的内容

事业单位财务管理主要包括以下五个方面的内容:

(一)预算的管理

预算是一个单位在进行各种经济活动前,所制订的计划。编制预算的优点是能够使同一经济活动在不同时期内的资金运用具有时间顺序的可比性。而对预算的管理,则是运用预算所设定的收支标准,对各个部门的工作进行检查、监控,确保组织设定的业务目标得以达到,以及成本等相关开支,都能得到严格、有效的控制。在预算管理方面要注意以下问题:

第一,要加强相关人员对事业单位预算管理的认识。实施有效的预算管理,从业人员需要具备较高的专业素质。在提升从业人员自身素质的进程中,必须加强对预算管理工作的宣传,让他们更好地了解自己在整个财政管理中的重要地位。

第二,编制预算时要科学、合理。预算的编制涉及的领域很大,周期也很长,而且对财务数据的准确性和全面性的要求也很高,从筹备到预算的制定,都要经过详细的研究,才能做出全面的计划。从"标准周期预算"到"零基预算",再到"绩效预算",预算方式的变化越来越趋于规范化和科学化。"绩效预算"是一种以结果为导向的预算编制方法,它把大量的绩效评价指标都纳入到了预算体系之中,使其更加符合科学、合理的预算要求。

第三,强化监督管理预算的实施。预算的实施是把预先制定的预算目标具体到各个部门的经济活动中去。而缺乏对这一环节的外部监督,则会使预算缺乏计划性、指导性,从而影响到预算的作用。因此,加强对财政预算实施的监督,具有十分重大的现实意义。这项工作应当包括:把预算的实施限额控制在预算计划之内;建立一个具有监督功能的部门,负责相关的监督工作和任务。

第四,提高预算管理的法律性。除以上所述的外部监督和控制措施之外,还可以通过法律来制约事业单位的预算管理。法律具有强制性、普遍性、固定性的特点,《中华人民共和国预算法》(以下简称《预算法》)在我国的实施中起到了很好的约束作用。并且新的《预算法》更加注重对整个国民经济的宏观预算的约束,对于各个事业单位,乃至事业单位内部的各个职能部门,都需要更加详细的预算法规和规章制度的控制,才能真正实现预算的执行,使其做到有法可依。

(二)收支的管理

收入和支出的管理是事业单位财政工作的重要内容,尤其是"三公经费"的管理在财政收支管理中一直是备受社会关注的问题。为实现对公共部门收支的有效控制和管理,我国的立法对部门预算、政府采购、收支两线、国库集中支付、政府收支分类改革等都做出了严格的规定。比如,第一,事业单位收支要分开管理,但是票据和账款要统一,要建立一个专用的财务账户来管理收支;第二,取消原来的预算外收入账户,把所有预算外收入都列入各事业单位的部门预算,使其管理更加高效;第三,要建立和完善票据管理体系,实行"专人、专账、专户"管理,明确票据登记、保管、使用和检查的职责。

事业单位的收入主要有两个方面:一是政府部门的资金分配;二是事业单位的非税性收入。前者是按年度预算确定的固定收入,而后者则包含培训费、科研成果奖励、各种罚款、门票收入、学费收入等。从总体上看,财政拨款是事业单位最重要的经济来源,它的管理相对简单。然而,由于其业务活动的特殊性,所产生的其他收益较为复杂,因此,必须制定相关的会计管理流程,以实现各个职能部门之间的协同和合作。

事业单位的财政收入管理包括以下四个方面:第一,严格控制现金收入的数额和时间,及时将资金转入国库代理银行;第二,要对账单、票据的领取和回收提出严格的规定和要求;第三,加强对现金、本票和汇票的日常防伪检查;第四,要把各种收支分开,建立收支核对制度。

在事业单位支出业务的管理中,专项资金的支出管理占有很大的比重。专项资金的使用,涉及资金的预算、资金的收支、项目的管理等方面,经常会出现资金相互借用、项目资金挪用、串项使用等问题。因此,各事业单位要按照规定的支出标准和支出方向编制预算,并在批复下达时明确预算结构、支出标准和支出方向,相应业务部门应当严格按照预算指标、支出标准和支出方向办理,财务部门应当对专项资金进行单独审核,加强支付审核管理。

对专项资金支出的管理内容要做到以下几点:第一,要把地方的配套资金投入到位,要把专项资金和配套资金的支出途径区分开来;第二,要严格区分专项资金和事业单位日常公用资金的支出与使用,对上级的专项拨款要有明确的规定,不得使用专项资金来填补日常公用经费的缺漏;第三,为实现专项资金专用,实行单独的账务核算;第四,应当继续拨款的专项资金支出,要按时按规定进行拨付,不得因为本级事业单位财政资金困难而滞留,耽误了下级事业单位使用专项资金;第五条,对当年结余的专项资金或由于特殊原因未能及时支出的专项资金,应当如实上报本级或上级财政部门,以便其在下一年内编制出更准确、更切合实际的专项资金预算。

(三)资产与资金的管理

资产与资金的管理,主要是对固定资产、无形资产、货币资金等进行管理,以确保国有资产的保值、增值，实现国有资产的价值最大化。

固定资产的管理包括三个方面：第一个方面是对固定资产的采购管理。事业单位在购买固定资产时，应根据国家财务和会计制度的有关规定，采取公开、竞争性的方式进行采购；新购置的固定资产要及时办理登记手续，并将购置的名称、数量、价格、原始价值、使用年限、计提折旧方法等记录在册。第二个方面是对固定资产的使用管理。在固定资产的使用中，要加强对固定资产的管理，避免由于使用不当或管理不善而导致的固定资产的损毁和资源的浪费。第三个方面是对固定资产的处置管理。事业单位固定资产的出租、出售、报废必须严格按批准的权限和程序进行。首先，向主管部门、财务部门提出，经技术鉴定、部门审核后，按照相关规定处理。事业单位要对固定资产进行定期或不定时的监督，对盘盈盘亏的固定资产，要找出问题的根源，并采取相应的管理办法，并按照相关的手续办理。

对于事业单位货币资金支出的管理程序设计一般包括资金申请、资金审批、资金使用和使用评估四个环节。首先，资金申请。事业单位有关部门或个人有用款需求时，应提前向审批部门提交货币资金的支付申请证明，在申请证明中应注明款项的用途、预算金额、支付方式等内容。其次，资金审批。审批部门根据申请人的职责、权限和相应程序对支付申请进行资格审核，对不符合规定的货币资金支付申请，审批人应当拒绝批准。再次，资金使用。财务现金管理人员根据审批结果向申请人支付资金，并及时登记现金和银行存款日记账。最后，使用评估。相关责任人对申请人资金使用的范围、数量、效果、程序及相关票据的正规性等进行再次审核，以确定资金的使用是否超出预算金额以及资金是否使用在正确途径上等。

（四）项目的管理

事业单位的大部分建设项目不计入公用运营成本，也没有计提折旧，因此，一般都有管理不善的问题。与此同时，盲目追求新、追求高端化、扩大增量、轻存量的管理，往往会导致事业单位资金的浪费。所以，要把项目管理融入到事业单位财务体系中去。

第一，在事业单位进行项目建设时，必须进行科学的前期规划。在建设项目之前，各事业单位要组建专家团队，必要时还要聘请学者、专家等，分析项目建设的必要性、可行性，并运用成本——收益分析法分析项目的效益，并通过实地考察和调研，得出项目建设的整体思路，从而更贴近社会的实际需求。

第二，事业单位要对在建项目的完工状况有全面的了解。它主要内容包括全面掌握在建项目的原材料结构和数量、项目的完成进度、计划完工时间、潜在风险等，确保项目能够按计划进行。

第三，事业单位要完善项目的后期维护。事业单位项目建设的目标不在于项目本身，而在于更好地服务社会和人民，所以，项目完成后的维护工作具有十分重大的现实意义。各事业单位要建立一个合理的检查、保养周期，定期对项目进行危险检查和维修维护工作。

第四，事业单位要建立有效的项目组织部门。各事业单位要加强组织建设，成立项目执行部门，明确基建、财务、后勤等部门的职责、权限奖惩制度、合同管理、结算管理制度等，确保沟通畅通、制衡有力。

第五，事业单位要加强项目从业人员的教育和训练。各事业单位要加强基础设施、财务等人员的专业技能训练，使他们熟悉基本建设的一般程序和工作流程。合理设置岗位，做好不相容工作岗位的分离管理，严格按照有关的流程，参与事前、事中、事后的全过程监管。

（五）合同的管理

事业单位的合同是指事业单位以合同的一方和另一方或多方之间的一种具有法律效力的各种形式的承诺文件，同时也包括以书面形式的意向书、协议书等。事业单位要建立和完善合同管理制度。

首先，严格管理合同的签订。合同的签订是合同管理的首要环节，而合同的执行能否顺利进行，将直接影响到今后的合同管理工作能否由事业单位的财政部门进行有效的控制。在签订合同时，事业单位应当指定或派出具有独立法人资格的代表，代表整个单位的决策和领导的意愿，并行使签订合同的权利，任何人或机构不可以在未经许可的情况下与其他社会组织、团体签订合同。合同的签订必须遵守国家制度的《中华人民共和国民法典》，或者是事业单位的规章制度，必须要有合法的证明文件，可以证明当事人双方的意愿，有具有公信力的第三方进行担保，等等。

其次，严格执行合同的管理。在合同的执行中，履行合同是最重要的一环，因此，必须加强对合同执行过程的管理，保证各项经济活动都能按合同规定的内容进行，并顺利开展。同时，要与对方建立有效的沟通和协调通道，并对存在问题和风险的各个环节进行预警和管理。

最后，严格管理合同的变更和解除。合同的执行过程可以根据实际情况作出相应的调整，也可以由合同一方或双方在特定条件下，单方面或多方提出提前解除合同的请求。不论在何种情形下，变更或解除的过程均应依照法律规定的程序进行。这就需要有关财务人员了解《中华人民共和国民法典》中的一些重要条款，使合同的变更、解除按照法律法规的规定进行，并能够预见并处理合同的变更和解除，以尽量减少违约的损失，保护本单位的经济利益。

第二节 事业单位财务管理存在的问题及对策

当前，我国正处在一个经济过渡的转型期，尽管事业单位的财务管理也在逐步强化，但改革的步伐却越来越快。然而，当前我国的事业单位财务管理体制还不够健全，还存在很多问题。所以，我们要深入剖析事业单位财务工作中的问题，找到问题产生的根源，并提出相应的解决办法。

一、事业单位财务管理存在的问题

(一)基础工作方面

第一,票据及经费开支管理方面。事业单位各类票据的来源多为各级财政部门开具的票据,但是在事业单位的业务操作过程中,也存在着由各个单位自己印制或采购的发票。这就导致了事业单位票据管理存在着认购、使用、核销等环节的监督漏洞。

第二,经费开支标准和范围不规范。目前,我国大多数的事业单位支出项目都没有明确的标准和范围,导致了很多事业单位在日常支出上没有依据,超发津贴、补贴、业务招待费等。

第三,财务报告及其分析方面。目前,我国的事业单位财务报告信息仅限于财务报表,并没有相应的报表附注和财务信息披露,导致了财务信息反映的内容不全面。事业单位在编制完财务报表后,未组织有关专业人士对其所提供的财务报表进行仔细、高效的分析。而在事业单位的财务管理工作中,财务分析是了解事业单位财务管理工作的一个重要环节,可以从财务报表中得到反映,从而更好地提高事业单位的财务管理和经营业绩。

第四,财务管理的措施不够到位,控制体系不够完善。事业单位的财务管理方式及其相应的控制体系是事业单位内部财务管理与控制的核心。在目前的工作中,很多单位的会计、出纳都是一人兼任,这就造成了转移手续不规范,彼此之间没有形成有效的制约,从而在一定程度上使事业单位的财务管理出现了失控。一些部门的开支实行了实打实的财政管理,没有对其进行科学、有效的控制,从而造成了一种"奖优罚劣"的风气,致使各种财政管理体制不能充分发挥其应有的功能。

(二)预算管理方面

1. 预算编制不科学

事业单位财务管理的关键就是预算编制,资金大部分来自国家,这就决定了财政的预算是财政资金来源的根本。预算执行力的好坏也和它有着密切的关系。在预算编制普遍存在以下几方面问题:

(1)对预算编制的认识不够全面,重视程度不够

首先,事业单位大多以业务、科研等工作为主,对财务和预算工作的重视程度不如企业,而大多数单位的高层领导对预算编制工作并不重视,认为预算编制是财务工作的一部分,也不需要设立一个独立的小组来进行相应的工作,预算编制工作还没有形成一个完整的体系,所以预算编制工作只是在财务部门中进行,并没有实际的业务人员参与。然而,预算编制是一项系统性、综合性的工作,必须立足于工作实际,并结合实际工作需求,对预算进行大量的调研、核算。但是由于领导对预算编制的定位不够精确,导致各个业务部门都认为,预算编制与他们没有任何关系,并且与其他部门的交流也很少,因此,预算编制工作受到了一定的阻碍。

其次,财务部门本身就对预算编制的了解不够深刻。对于很多事业单位而言,预算编制只是为了获取下一年度的经费而进行申请报批,很多单位都抱着尽可能多地争取资金的想法,在需求数的基础上上浮一定比例来应对上级部门批复预算的削减,以方便下一年业务工作能够更轻松地开展,从而使预算编制丧失了作用。同时政府财政部门也无

力监督各个下级单位的预算编制，只能在编制软件和资金批复上加以控制，对于单位不规范的预算编制无法进行全面的管理和审查。

(2)预算编制方法不科学

财务预算的编制方式主要有固定预算、弹性预算、增量预算和零基础预算等。我国的事业单位采用了传统的增量式预算，即"去年基础＋今年增长"，而不会对以往的预算执行情况进行评估，而仅注重本年度的增幅，使得以往不合理的支出内容仍然存在无法消除，从而造成浪费。同时增量预算法也没有充分考虑单位未来的发展，针对每个项目只是笼统地预估一个增长率，忽略了业务发展的具体方向和需要，因此，一些单位和项目的发展速度会更快，但是由于预算资金不足，会阻碍他们的发展。但一些单位和项目由于预算太多，导致了资金支出不合理，造成了大量资金的浪费，资金的利用率也越来越低。这种简单化、粗放化的编制方式已经不能满足当前事业单位发展的需要，虽然财政部门已经逐渐实行零基预算法，但由于事业单位多年养成的传统惯性，再加上现实的种种状况，严重影响了零基预算的工作，使得进展十分缓慢，预算编制工作的准确性也因此而大打折扣。甚至有的事业单位存在着"重预算总额，轻经费结构"的问题，往往在编制过程中认为只要总额准确即可，结果在预算执行过程中产生了各种问题，各支出科目指标之间相互挤占，影响预算约束效果。

2. 预算执行缺乏力度

我国一些事业单位其预算编制本身就缺乏科学性和准确性，如某些事业单位往往将预算金额做大，消耗性支出的数字核实等做得并不细致，预算编制缺乏准确性，预算无法真正符合实际支出需要，在执行过程中实际数会和预算数存有较大差异，预算的执行就缺乏力度。还有些单位费用支出无计划或是有计划但流于形式，随意地增加支出，变更资金的使用范围，例如高规格的招待，超量购置轿车等。还有就是事业单位在基本开支和项目上，没有明确的规定，把会议费、差旅费、劳务费、水电费等纳入了项目基础开支中，造成了基础开支挤占项目经费的现象，从而影响了项目资金的使用效益。

3. 预算监督职能弱化

预算的科学编制依赖于良好的监督和执行。目前，我国不少事业单位的预算控制管理不到位，内部控制体系不健全，导致在执行预算时忽略了相关预算执行的监管，只注重完成自己的工作。各事业单位都希望通过增加预算来获得更多的资金，而非科学地分配可用的资源和合理的预算。

4. 缺乏考核评价和激励机制

在预算管理中，预算的事后分析与评价也是一项重要的工作。在实际工作中，管理人员往往只关注是否增加了预算资金，并未对其绩效进行分析，缺乏对其进行合理的评价与激励，也没有完善的预算考核评价和激励机制。大部分的事业单位在考核时，对于预算超支的部门和责任人并没有相应的惩罚措施，对有效执行预算的部门也没有奖励。

(三)资产运行管理方面

事业单位的财务部门没有建立起完善的管理制度，针对现有的实物资产也没有完善的监督执行机制，资产因此没有得到合理有效的配置，出现了闲置资产或资产使用效率低的问题。还有未知资产的购入控制不好以及重复购置资产，这些问题在很大程度上都导致了财政资金的严重不合理浪费。

1. 单位资金管理

当前,事业单位缺乏有效的资金管理制度,也没有专人来进行资金的管理。资金胡乱占用、违规使用等问题屡见不鲜,因此,资金的使用效率都很低。资金使用仅在事后核算进行,在事前预测、事中控制方面存在着严重不足。此外,事业单位的资金占用问题很大,往往是将个人的开支计入公共专项资金,或将其计入经常性支出,从而导致了会计核算上的偏差。这个问题在管理专项资金方面非常严重,并且非常随意。

2. 单位财务的监督机制

目前,我国的社会主义市场经济体制建设还不完善,缺乏科学的体制机制。在财务部门,没有强大的监督体系,没有严格的制度,没有创新的能力,没有办法阻止单位的不良行为,没有办法在单位内部进行审计和监督。尽管内部审计部门对事业单位的稳定发展具有不可替代的作用,但一些事业单位并不重视内部审计部门。随着我国法律制度逐步健全,审计制度也在不断地更新,有些事业单位设置了审计监督岗位,但由不熟悉审计业务工作的人员来担任,将导致内部控制无法进行。事业单位如果不把适当的人才派上用场,不仅会使制定的规章制度无法发挥其应有的效能,还会对财务工作的正常、有序运转产生不利的影响。

3. 资产管理的运行机制效率

政府采购是事业单位资产运行的核心环节,政府的财政投入是事业单位和各级财政部门的主要资金来源。因此,各有关事业单位必须严格按照国家的方针,结合自身的特点,制定周密的资产运作体系,合理的资产配置方法,对相关资产进行有效规范和科学的管理。同时,各级财政管理部门和事业单位要建立一套对资产使用、资产内部控制的监督体系,并根据有关法律法规,对资产的分配、购买、调剂等进行科学、合理的管理。对应的分配主体可以是政府,可以是相应的管理部门,也可以是各事业单位本身。

4. 预算管理与购置资产的资金

一些单位的预算管理体制比较单一,与上级管理部门或其他相关部门的关系不密切,一些重大的战略项目,如资产购置、资金使用等,未经过有关财政部门和相关资产管理部门的审核,在一定程度上可能出现重复购置资产或者超标购置的现象发生。之所以出现这样的情况,是因为在完成了项目审查之后,并没有将有关的采购事项上报给财务部门进行审计和批准。这就导致了财政部门无法依据现有的资产状况,来决定是否购买与分配有关的资产,或者为了实现机构的运营和管理的需求而进行分配。

二、事业单位财务管理对策

(一)强化事业单位预算管理

1. 增强预算管理的法治观念,提高编制的科学性

事业单位的财务人员,特别是负责人,在预算管理上,要转变以往只注重分配、轻视管理的观念,充分认识到预算管理对单位发展的重要作用,抛弃以往的基数增长方法,而是运用零基预算法,真正落实到本单位的预算编制中。科学、合理的财政预算可以提高财政资源的效率,优化财政资源。预算管理是一个系统工程,必须由各个部门和相关

人员共同努力来实现。预算管理贯穿于预算编制、执行、监督、考核的整个过程，强化预算管理的法治意识，实现预算编制的科学性。

2. 强化预算编制、执行与监督

（1）加强预算编制管理

预算编制是财政预算管理的基础工作，也是财政预算管理的首要工作。预算编制要把质量作为工作的基本要求，力求做到精益求精，做到预算编制的规范化。首先，相关人员要对上一年度的单位预算进行统计、分析，并根据单位的年度工作计划和工作安排，对人员经费、公用经费、项目经费等进行科学、合理的预算，要把预算中的基本开支与专项开支分开。其次，相关人员要统筹安排预算内、预算外收入，保证收支预算的完整性、准确性。结合有关部门工作实际，通过调查研究、目标预测、论证分析等方法，尽可能地细化有关预算开支，并注意突出重点、合理配置。最后，在编制年度预算时，相关人员要综合考虑上一年的预算执行进度和质量，要把上一年的预算执行情况与本年度预算编制相结合，为下一年的预算编制工作提供数据依据。

（2）加强预算执行管理

在预算管理中，预算执行也是一个非常关键的部分。如何增强预算执行能力，提高其执行效果，是当前我国财政预算管理工作的一项重要内容。要实现这一目标，必须从以下几个方面着手：第一，实施预算执行岗位责任制，健全并完善内部制约和激励机制，将预算执行责任落实到具体责任人，并将其与个人考核指标相结合，建立与责任人利益相关的综合预算执行责任体系。第二，在预算编制阶段，相关人员要做好前期的各项准备工作，确保各项工程按计划、分步骤、有序地进行，落实预算执行中的重点、难点，确保预算的实施。第三，为了提高预算执行的质量，必须加强对预算执行的刚性制约。相关人员要保证预算经费的合理、高效、安全；要及时对预算执行情况进行分析，尤其是对那些执行缓慢的项目。要做到将事后控制，改变为事中控制或事前控制，最大限度地减少预算和财务风险。第四，相关人员要强化对预算绩效的分析。预算分析的重点在于：预算的实现、进度与实际运作的一致性、是否增加了预算、有无预算结余、预算支出与实施标准之间的差距，并找出产生下一年度预算的理由。第五，事业单位要及时向社会公布部门的财政收支状况，及时通报预算执行情况。为了使预算的实施更加公开和透明，使各个部门能够相互监督。第六，要加强财务管理部门和相关业务部门间的协调与沟通，如政府采购管理、内部预算执行、业务流程优化等方面。

（3）完善预算监督

完善预算监督应包括监督主体的全面性、程序的合法性、监督方式的科学性、监督的反馈和监督体系的健全。预算执行的监督与管理应当贯穿于整个财政预算的实施。预算的执行过程，即对预算的监管过程。在预算执行的各个阶段，要对预算资金进行阶段性的综合评估和全面审计，确保财政资金的正常运转，确保预算的顺利实施，为下一步的预算编制和实施提供重要的参考。

要达到这一目的，首先，要在财务部门中建立一个专门的预算管理体系，或者是一个专门的工作小组来负责所有的预算工作，及时解决预算编制中存在的问题，深入剖析预算执行过程中出现的偏差。其次，要运用不兼容职务分离、风险控制等方法来制约和监督预算执行过程，监督资金运用的各个环节，加强对预算执行的监督。最后，通过定期的审计对预算支出和持续的执行情况进行监督，建立以审计部门监督为常态、新闻媒体监督为主体，全方位、多层次的预算监督体系，继而完善预算监督。

3. 在制度上，预算管理应有章可循有法可依

为了保证预算管理工作能够有法可依、有章可循，需要不断地改进与之相适应的预算管理制度。它具体包括：成立预算管理委员会，各职能部门可以推选一名工作人员参与预算编制的联络工作；要明确由哪些部门，哪些人员，来完成预算的编制工作，责任人是谁，明确责任和义务，将预算管理工作具体落实到每一名工作人员身上；健全财政预算资金使用制度，严格执行支出审批、报销制度，切实提高预算资金的使用效益；制定和健全与预算管理相关的其他规定。

(二)规范政府采购管理，提高政府采购水平

1. 树立对政府采购正确的认识

政府采购是在市场经济条件下的一种有效的管理公共组织财政支出方式，它的主要功能是通过建立一套与之相适应的财务管理体系来有效地控制各个单位的物资、劳务的采购，确保财政资金合理的使用。政府采购经历了多年的发展与完善，从原来的单一的财政支出管理，发展到了同时承担着财政支出管理与国家宏观经济调节的双重功能。

2. 加强政府采购制度建设

首先，完善组织管理机制。要想让政府采购更好地发挥其应有的作用，各个采购机构就必须加大对其内部人员的专业知识与技能的训练，从而提高其工作效率。政府采购不仅可以节省财政资金，也可以获得相应的批零差价，还可以有效地调节与财政支出有关的内容和范围。要让政府采购单位在工作中发挥主动性，并处于主动地位，必须与各业务管理部门和预算管理部门保持良好的联系，确保各项工作的正常开展。

其次，健全监督制度。按照政府采购的相关规定，凡是使用政府财政资金购买资产的采购项目，除特别规定之外，都要列入政府采购的范畴。因此，要加强对政府采购的监管执行力度，就需要建立有效的采购监督管理制度。这就要求财政、审计等部门加强对政府采购的监督管理，并制定相关的检查和处罚措施，健全相关的法律法规和相关的政策。

3. 规范政府采购的具体操作环节，不断扩大采购规模

在政府采购过程中，必须严格遵守并执行采购的标准和要求，在确定了采购的方式和方法后，不能随意更改，必须严格遵守采购流程。政府采购的规模与范围是政府采购制度实施效果与实施的重要标志，也是政府采购发展的一个重要方面。只有持续加大政府采购规模，才能最大限度地节省资金，更好地发挥其宏观调控功能。

4. 积极完善与政府采购的相关配套措施

建立健全科学的财政预算管理制度，完善的财务会计制度，培养高素质的专业人才，是保证政府采购工作顺利进行的一个重要前提条件。这就需要财政部门在加强对政府采购部门工作人员的知识和技术培训的基础上，不断改进与完善相关的预算管理体系和相关财务会计管理制度。只有如此，才能使我国事业单位的集中采购工作得以健康、持续地发展。

(三)提高财务人员教育和管理水平

第一,财务人员要具备创造性思维,培养终身学习观念。首先,具有创造性思维的财务管理人员,能够适应知识创新所带来的经济转型,而事业单位的财务人员既要具备学习、应变的能力,又要具备创新精神,这样才能应付财务系统的变革。其次,培养财务人员终身学习的思想。在这个知识经济的年代,我们要想跟上时代的发展和变革,就必须要终身学习。事业单位财会管理人员要树立终身学习理念,增强自己的专业知识与技术观念。

第二,提高财务人员的专业素质。优秀的财务管理人员,除了具有先进的专业技术外,还必须具有良好的职业操守,能够在履行职责的同时,对自身的行为进行规范。

第三,加强财务人员的持续教育力度,加强财会理论知识的更新。事业单位自身的优良文化是一所学校,它为工作人员提供了一个良好的学习环境和条件,以提升具有相关资质的财务人员的业务能力和职业道德水平,进一步适应市场经济的发展。

第三节 事业单位财务管理体制

一、事业单位财务管理体制及其意义

(一)事业单位财务管理体制的概念

事业单位的财务管理体制是指国家对预算资金的使用和分配,以及财政部门与主管部门、主管部门和所属单位之间的职责、权力和利益划分的规定。这是事业单位财务管理的基本制度。

事业单位的财务管理体制,实质上是国家对事业单位财力大小和财权范围划分的规定。

事业单位财力大小,是指事业单位拥有财力的多少,它取决于国家对事业单位预算资金缴拨总量的多少;财权范围是指事业单位请领、使用资金的权力范围,它取决于国家对事业单位财权、事权结合的形式要求。二者实质上表现为国家与单位之间的资金缴拨关系。从这个意义上说,事业单位的财务管理体制,实质就是财政部门与主管部门之间、财政部门与事业单位之间、主管部门与事业单位之间的资金缴拨关系。按照财务体制与事业体制相统一的要求,它包括了财务管理级次的划分和管理形式的规定两方面内容。

事业单位财务管理体制是我国现行财政制度中的一项重要内容。财政管理体制是指国家财政的组织与管理形式,责任、权力与利益关系的划分以及机构的制度。财政管理体制既要正确处理和明确中央与地方、上级和下级之间的财政分配关系,又要正确地界定和处理财政部门、主管部门和下属单位、单位和个人之间的财政分配关系。因而,它规定着事业单位财务管理体制的内容。同时财政管理体制也受着事业单位财务管理体制

的影响。所以，在研究确立事业单位财务管理体制时，既要适合事业单位财务管理的特点，又要与财政管理体制的有关规定相一致，以充分发挥其在事业单位财务管理中应有的作用。

事业单位的财务管理体制是上层建筑的一种，它是按照党和国家的方针、政策、经济、金融、各项事业的发展变化而不断加以调整和充实的。改革开放以来，我国加强了事业单位财务制度的建设，目前已初步建立起以"全额预算管理、差额预算管理、自收自支管理"三种预算管理模式为主要内容的事业单位财务体制，提出了有条件的全面预算单位逐步过渡到差额预算管理单位，有条件的差额预算管理单位过渡到自收自支管理预算单位，实行"两个过渡"。它在调动企业和员工的理财意识、提高财政负担、提高资金使用效率、强化财政管理、推动企业发展方面都起到了积极的作用。然而，在我国社会主义市场经济体制下，这种财务管理体制已不能满足事业单位财政、事业单位改革的需要，需要对其进行改革。

（二）事业单位财务管理体制的改革

随着我国市场经济体制的逐步确立，各种事业单位的发展与原有的三种财务预算管理体制逐渐显现出了问题：一是这三种财务收支的划分都是以单位的资金自给率为基础，无法准确地反映各事业单位的实际情况，不够科学、合理；二是由于我国关于三种不同类型的预算单位的相关政策并不统一，部分事业单位对"过渡"问题也有所顾忌，使"两个过渡"政策难以实施；三是目前事业单位资金来源渠道呈多元化的趋势，受原体制的制约，造成了预算内资金分配与其他各项收入相脱节的局面，不利于资金的管理和财政资金的合理分配。为此，国家对事业单位的预算管理形式进行了改革：实行了所有事业单位的收支纳入单位预算，实行统一的管理、统一的会计核算；废除原有体制下事业单位的三种预算管理形式，改为"核定收支，定额或定项补贴，超支不补，节余留用"的预算管理办法；根据新的财政预算管理方法，财政部门根据事业特点、事业发展计划、单位收支情况、财政政策和财政资金的可能性，决定对各事业单位的定额或定项补贴标准；对机关事业单位的非财政补助收入超过其开支的，实行"收入上缴"办法。

因此，构建我国事业单位的财政管理体系，对事业单位的发展有着重大的现实意义。

1. 明确职责权限，有利于发挥各单位当家理财的积极性和主动性

首先，事业单位的财务管理体制，明确了各单位的财务管理权限与范围，并规定了其所要履行的各种行政、经济职责，既明确了各单位的权力、职责，又通过权力、职责的划分和一些经济原则的规定，使各单位拥有一定的自主性和相对独立性，有利于把国家的统一规定同本单位的工作实际紧密地结合起来，在财务管理体制规定的范围内，因地、因事、因时制宜地处理和解决本单位的问题，做好财务管理工作。单位不仅有权根据国家的财政、财务制度规定来拟定本单位的财务管理办法，而且也有权力和责任及时检查和纠正一切违反财经纪律的行为，采取有效措施，改进工作，提高财务管理水平。这样，一方面保证了财政部门的统一领导；另一方面也可以防止"统多管少"的弊端，调动各单位加强财务管理的积极性。

其次，在事业单位财务管理体制中，还对各级财政部门的各种经济利益作出了明确的规定，实行"核定收支、定额或定项补贴、超支不补、节余留用"的预算管理办法，并把

事业成果同单位和个人的物质利益紧密结合起来,这就要求各个事业单位要充分发挥现有人力、物力、财力的优势,在各个方面都要精打细算,以最小的成本达到最大的社会经济效益。

2. 促进了事业单位积极走向市场,为经济建设服务,为事业发展积蓄资金

新的财务管理体制建立了以"定额或定项补助"为主要内容的事业单位财政资金供给政策。这一政策从一定意义上促进了各单位积极走向市场,在发展各项事业和为经济建设服务的同时,通过扩大服务范围、提高服务质量等手段,积极组织收入,为促进和保障各项事业的发展和需要积累一定的资金。

3. 有利于规范财政分配和财务收支行为,保障和促进各项事业的需要和发展

首先,建立新的财务管理体制,对于规范和强化事业单位的财务收支管理具有重要的意义。改革开放后,符合条件的事业单位按照国家有关规定和法律法规,逐步扭转了单纯依靠财政拨款发展事业的局面,使事业单位的资金来源渠道呈现多元化的趋势。但是由于各种原因,在管理上存在着不规范的现象,导致了财政收支分离,财务管理与资金管理相脱节。因此,建立"收支统管"的财务管理体制,一方面,推动了事业单位积极拓宽理财领域,加强收支核算,实现财务管理与资金管理的统一;另一方面,有利于事业单位充分运用各项资金,发挥其使用效益,为事业的发展提供更多的物质保证。同时也为事业单位实现"两个过渡"奠定了基础。

其次,建立新的财务管理体制,重新确立了国家与事业单位之间的经济关系,这有助于财政部门调整资金分配方向和分配结构,提高国家财政宏观调控的能力,促进事业发展,同时还可以规范财政支出行为,提高预算资金的使用效益。

最后,建立新的财务管理体制,对事业单位实行自求平衡的预算管理办法,一方面,可以增强事业单位预算管理责任,有利于事业单位建立自我约束、自我完善、自我发展的运行机制;另一方面,可以促进事业单位把管事与理财紧密地结合起来,实现事权与财权的统一。

(三)建立事业单位财务管理体制的原则

事业单位建立合理的财务管理体制,一般应遵循以下几项基本原则:

1. "统一领导、分级管理"的原则

"统一领导、分级管理"是建立我国各项管理体制时应坚持的基本原则,确立事业单位财务管理体制,坚持中央统一领导,全面统筹规划,适当下放一些权力,扩大其自主性,这一原则是必需的,增大他们的自主权的原则是必要的。

2. 事权与财权相适应的原则

"事权"是指国家对各级事业单位在从事业务活动中行使的职责与权力;"财权"是事业单位按照国家的财务制度,对单位的各种资金进行分配和使用。各种资金的分配和使用都是为了保障事业的顺利完成而设立的。所以,事业单位在建立财务管理体制时,一定要把财权的范围、财源的规模结合起来,只有把单位的事权与财权相结合,才能使资金的筹集、分配和使用与事业规划的实施进程相协调,从而保障事业的健康发展。

3. 责、权、利相结合的原则

"责""权""利"相结合,即国家对单位在经济上的权利与义务和经济利益相结合。

在建立财政管理体制的过程中,实现事业单位在行使一定的职权、履行职责的同时,享受到一定的经济利益,实现权利与义务的有机结合。

4. 自我约束的原则

事业单位预算要自求平衡,要实现这一目标,就需要完全摆脱对国家财政的过度依赖,努力实现由依靠国家财政平衡预算向单位自行平衡预算的转变。

5. 实事求是,区别对待的原则

对非财政补助收入无法满足资金支出需求的事业单位,实行定量或定量的补助;对于非财政补助收入超过其支出金额的事业单位,可以采取"收入上缴"的办法。

二、事业单位预算管理办法

(一)事业单位预算管理办法的内容

1. 核定收支

"核定收支"就是事业单位应将所有的收入进行核算,包括财政补助收入和各种非财政补助收入以及各项支出,并报上级部门、财政部门审批;各有关部门根据事业特点、事业发展规划、财务收支情况、国家财政政策、财政能力等因素,核定事业单位年度预算收支规模,包括财政补助具体数额。

2. 定额或定项补助

"定额或定项补助"是对非财政补助收入无法满足支出的事业单位实施的一种方式。定额补助是指按照各部门的收支状况,按照一定的标准,制定总的补助金额,比如高校学生平均定额补助;定项补助是指按照事业单位的收支状况,对一些部门的开支进行补助,比如对一些部门的工资支出,或者对一些大型维修和设备的补助,具体的项目会根据事业单位的情况而有所不同。无论实行定额或定项补助,都应根据事业特点、事业发展计划、国家财政政策、财政能力、财政收入等因素,以及各部门的财政收入情况等因素来决定。不同事业单位的补助水平也不尽相同。对于能够实现经常性支出的非财政补助,其定额或定项目补助可以为零。

3. 超支不补,结转和结余按规定使用

"超支不补,结转和结余按规定使用"是指事业单位的预算通过政府部门、财务部门审核后,自行编算本单位的收支平衡。因特别原因而增加的开支,由有关部门和财政部门不再追加,由增收节支所产生的余额,按照有关部门和财政部门的审核批准使用。

4. 收入上缴

一般来说,事业单位的收入数额是有限度的,并且是不固定的,可以全部用来发展本单位的事业,不采用上缴的方法;少数事业单位由于拥有大量的国家资源和国有财产,享受了国家的特别优惠政策,又由于收支不合理、比例不明确等原因,获得了更多的收入,超过了正常收支的范围,可以实行"收入上缴"办法。

(二)事业单位预算管理办法的意义

1. 有利于加强事业单位收支管理,保证事业单位各项资金合理有效使用

对事业单位实行核定收支,也就是对所有事业单位的收入,包括财政补助、非财政补贴、各种支出,其中包括事业经费和其他开支,而不是以前只核定财政拨款收支,不核

定事业单位自己的收入和支出。这样做，一是把单位的所有收入都列入了单位的预算，对强化财政收入的管理是有益的；二是把各部门的开支都列入财政预算，既能提高资金的使用效率，又能确保资金的合理分配和使用；三是有利于对事业单位的整体收支进行把握与控制。

2. 进一步明确国家与事业单位之间的关系，有利于改变国家包办事业的传统观念

新的财政体制将政府对事业单位实行一种统一的预算管理办法，也就是对所有的事业单位实行一定的定额或定项的补助。国家对事业单位的补助，不论金额多少，都属于补助性质，而各事业单位之间，只是补助的金额有差异而已。这一做法与以往的行政方式有很大的不同，在形式上也有很大的不同。形式上，改变了以往的全额拨款和差额性分配方式，改为按一定比例或按比例分配的办法。从根本上说，改变了过去由国家财政包办事业单位预算的做法，也就是事业单位需要多少就向国家财政部门要多少，各部门的预算都要靠财政来平衡。财政部门根据事业特点、事业发展规划、工作任务、国家财政政策、财政资金等情况，确定财政补助的数额。实施这种预算管理方式，可以使我国事业单位发展的方针得到全面贯彻。根据公共财政的基本原理，国家对符合"社会共有需求"的、国家扶持的事业单位和发展计划，给予一定的财政标准。对其他单位，要逐步走向市场化，并逐步降低或不给予补助。同时，采用财政标准的方法，使财政工作从消极转向积极，发挥其配置的杠杆效应。

3. 强化预算约束性，进一步增强了事业单位的预算管理责任

事业单位预算管理的一个显著特征是在确定了事业单位预算后，他们要实现收支平衡。这就意味着，今后事业单位要从国家财政平衡预算转变为自行平衡预算，加强事业单位的预算管理职责。事业单位要做到收支平衡，必须积极地组织收入，尽量节省开支，提高资金的使用效率。这对事业单位转变"等、靠、要"的观念，形成自我约束、自我完善和自我发展的运作机制是有重要意义。

三、事业单位财务管理体制的内容

（一）事业单位财务管理级次的划分

事业单位财务管理级次的划分，即单位预算级次的划分。事业单位财务管理级次一般分为三级：

一级财务单位：是指直接向同级财务部门中领报预算资金，并负责分配和核拨预算资金的单位。

二级财务单位：是指向一级财务或者上级财务部门的领报预算资金，并分配给所属单位预算资金的单位。

三级财务单位：是指向一级财务部门或向二级财务部门领报预算资金，而无隶属关系的单位，或虽有隶属单位但不单独建立会计部门和无独立单位预算的单位。

除了以上所说的三级财务单位之外，还有一些单位是一级事业单位，但是因为某些原因，没有单独的预算，预算编报在上级部门的预算中，没有独立的会计单位，也就是说，这样单位的支出直接到上级财务单位报销，不设置正式账簿，也不进行编报预、决算。

(二)各级财务单位的主要职责

各级事业财务单位的职责是指各级财务单位在进行财务活动中的权、责关系。

1. 一级财务单位的主要职责

严格执行和监督所属单位执行党和国家有关的方针政策、法令和财务规章制度,遵守财务法规。

在职权范围内制定财务管理办法、实施细则,并在工作中严格执行。

按照有关规定,向同级财政部门编制本年度预算和季度用(缴)款计划,审查、核定、汇编所属单位的年度预算和季度用(缴)款计划。同时,按照财政部门的年度预算和季度、月份的用(缴)款计划,在其规定权限范围内,对所属单位进行统筹、合理的调整。

按照财政部门批准的财政预算及财务管理制度,完成所有的财务开支。负责本单位及所属部门财务收支计划的落实,强化对财政活动的分析,总结交流经验,并进行联审互查。

按照国家有关政策,组织各级、各部门,积极培育财源,努力组织收入,不断提高自给水平,按时足额向国家和上级支付应缴的款项。

接受财政、稽查、税务、物价等相关部门的监督检查,如实报告相关信息,并积极提供相关材料。

维护国有财产的完整与安全,并依照相关法规,及时、准确地处理所属单位财产的调拨、报损、报废、变价等事宜。

严格按相关规定审核、汇总所属单位的财务报告、年终决算,准确、完整、及时地向财政部门报告。

2. 二级财务单位的主要职责

二级财务单位的主要职责权限,除了必须将年度预算、季度(月份)用(缴)款计划、月份报表、年度决算以及向上级部门申报预算资金以外,其余各项与一级财务单位的主要职责基本一致。

3. 三级财务单位的主要职责

认真贯彻执行党和国家有关的方针政策、法令、财政、财务规章制度和上级机关制定的财务管理办法和实施细则。

按照规定,编制年度预算和季度用(缴)款计划,每月的财务报告和年度决算。

按照国家有关规定及上级批准的财务支出,做好财务支出工作,争取增收节支,增加单位资金自给水平。

加强对事业单位财务状况的分析,及时发现、处理问题,改进单位的财务管理并提高资金使用效率。

按时、足额的缴纳各类应付款,对各项收支进行正确的核算处理,合理地筹集、分配和使用资金。

确保国有资产的完整性和安全性,建立和完善资产和物资的管理制度,定期对资产和物资进行盘点。

接受财政、稽查、税务、物价等部门的监督检查,并如实反映相关信息。

负责组织、指导和监督所属报销单位的财政收入和支出的缴销工作。

(三)事业单位预算管理形式

按照现行预算管理办法,将事业单位预算管理分为全额预算管理、差额预算管理和自收自支管理三种形式。为了适应市场经济的要求,国家取消了三种预算管理形式,将事业单位的预算管理形式加以统一。事业单位新的财务预算管理形式是:核定收支、定额或定项补助、超支不补、结余留用。

对收入低、收入不稳定、收入不足以解决单位经常性开支的事业单位,在核定事业单位财务收支的基础上,根据事业特点、事业发展计划、事业单位收支状况以及国家财政政策和财力可能,实行定额或定项补助。

对于非财政补助收入能够满足其经常性开支的事业单位,其定额或定项补助可以为零。也就是将这些单位逐渐推向市场,政府不再给予补贴。

对于非财政补助收入多于支出的部分,可以采取"一次性上缴"的方式。

上缴实行方式有两种:定额上缴,也就是在核定预算时,确定上缴的绝对数额;定比例上缴,按照收入的多少来上缴。

上缴实践可采用两种方法:一是在财政年度实施期间,采用每月或季度的方式;二是实行年底一次付清的方法。

由于各地情况有很大的差别,各个事业单位的情况也不尽相同,因此,具体的上缴方式,要由各级财政部门和有关部门结合地方的实际情况来决定。

事业单位要做到收支相抵,不能有任何的亏空。改变了过去依靠国家财政平衡单位预算的管理形式,强调了单位要自行平衡预算。

第四章 事业单位预算

第一节 事业单位预算的含义与特征

合理编制单位预算,真实反映事业单位财务收支情况,是强化财政管理、提高财政资金使用效率、促进财政健康发展的重要条件。因此,加强事业单位预算管理具有重要意义。

一、单位预算含义及特征

事业单位预算是指事业单位根据事业发展计划和任务编制的年度财务收支计划。单位预算具有以下几个特征:

(一)单位预算是一种广义单位预算

纵观事业单位预算的概念演变,从三个时期来看,规划管理是一个很大的进步。第一个时期,单位预算是政府预算的基本组成部分,是各级政府的直属机关就其本身及所属行政事业单位的年度经费收支所汇编的预算,另外还包括企业财务收支计划中与财政有关的部分。第二个时期,是各单位根据实际情况,将预算内和预算外经费合在一起,编制了一个单位的预算。这两个时期的单位预算都没有把所有的财政收入全纳入到单位的预算中去。因此,表现的是狭义单位预算。第三个时期,我国事业单位不再按狭义单位预算管理,而是采用广义单位预算管理。

广义单位预算是建立在广收广支,对收支实行统管基础上的一种单位预算,它具有很强的综合性。在预算内容构成上,从广义的收入预算和广义的支出预算两个方面来看,其中,收入预算包括财政补助收入、上级补助收入、事业收入、经营收入、附属单位上缴收入、其他收入等;支出预算包括事业支出、经营支出、对附属单位的补助支出、上缴上级支出、其他支出等。广义的单位预算包含了所有机构的收入与支出,也就是广义上的收支都应该包含在广义的单位预算中。在一定程度上讲,广义单位预算是事业单位各项活动的内容和方向及规模大小的集中反映。它把各个部门的收入来源和使用情况结合起来,科学地分类归纳,按照一定的原则,对各个部门的财政收支进行了全面的均衡,以便预先测算和确定。这一测算和确定的精确性,依赖于预算编制人员对客观条件的了解和科学分析。有了这种事先的测算和预定,就有了单位预算的硬约束,从而保证事业单位各项工作顺利开展。

广义单位预算明确了事业单位预算管理的对象,将形成事业单位全方位财务收支的计划管理,从而实行"三统"管理,即统一计划、统一核算、统一管理。这里必须倡导单位预算管理意识,健全完善的单位预算管理是事业单位保持良好财务状况,实现稳定持续发展的关键。

(二)单位预算管理形式具有统一性和灵活性

事业单位预算是反映单位事业发展规划与工作任务的规模与方向,是单位财政工作的基础。目前,在采用广义单位预算上,将单位预算统一为一种形式或一种预算管理办法,这可从《事业单位财务规则》(以下简称《规则》)第八条得到佐证,该条指出:"国家对事业单位实行核定收支、定额或者定项补助、超支不补、结转和结余按规定使用的预算管理办法。"从而反映出单位预算管理形式上的统一性和灵活性的特征。《规则》第八条还规定:"定额或者定项补助根据国家有关政策和财力可能,结合事业单位改革要求、事业特点、事业发展目标和计划、事业单位收支及资产状况等确定。定额或者定项补助可以为零。非财政补助收入大于支出较多的事业单位,可以实行收入上缴办法。具体办法由财政部门会同有关主管部门制定。"

1. 核定收支

国家对事业单位实行核定收支,包括核定主体、内容及程序三项要义。各事业单位按规定编制各单位的收支,并报有关部门、财政部门批准;各有关部门应依据事业性质、事业发展规划、财政收支情况、国家政策、财政能力等因素,对各事业单位的年度收支进行核定,并将其具体金额列入财政补助。

2. 定额或者定项补助

定额补助是指根据事业单位的收入和支出,按照一定的标准确定补助的总数额,比如对学校进行一定的补助。

定项补助是指按照事业单位的收支状况,对一些部门的开支项目给予一定的补助,例如,对一些部门的工资支出,或对大型维修和设备购置的补助,这些项目的具体内容要根据事业单位的不同而有所区别。

对非财政补助收入不能满足开支的事业单位,实行定额或定项补助。对于能够实现经常性支出的非财政补助,定额或定项补助可以为零。

3. 超支不补,结转和结余按规定使用

事业单位的预算,在经过主管部门和财政部门的核对后,应当自行核算、自求平衡。因特殊原因而产生的资金支出,主管部门和财政部门不再追加资金,因增收节支而产生的余额,可以由财政部门会同有关主管部门制定上缴或留用比例。

4. 收入上缴

对少数非财政补助收入超过其支出的事业单位,可以采用"收入上缴"办法。也就是一些事业单位,由于拥有大量的国有资源和国有财产,享受了国家的优惠政策,再加上收支平衡不明确等原因,获得了更多的收入,超出正常的支出,可以采取"收入上缴"的办法。它有两种方式:

定额上缴,也就是按照收支来决定上缴的固定数额。

按比例上缴，是指在核定的预算中，按一定的比例来决定上缴金额。

从上缴的时间来看，上缴的方式有两种：一是在财政年度的实施中，采用按月或季度上缴的方法；二是年底一次上缴。实践中可以根据实际情况选择一种方式。

鉴于各地的情况差别较大，事业单位的情况也不尽相同，目前的《规则》并未明确具体的缴纳方式，而由各级财政和有关部门结合地方的实际情况来决定。

(三)单位预算具有相对独立性

单位预算是一个事业单位每年的财政收支计划，它的执行结果仅仅是对它的工作产生直接的影响，而不能与国家的财政预算产生直接的联系。也就是说，不管事业单位的预算目标是否达到，都不会对国家的财政预算收支产生直接的影响，从而使其具有一定的独立性和相对的独立性。这既可以拓展事业单位的财务管理和发展工作的自主性，又可以使事业单位在财务上承担更多的责任。在这一点上，事业单位要明确强化预算管理目标，重视经济效益和社会效益，既要强调单位预算管理的有效性，保证各单位的经费需求，推动工作发展，也要充分利用经费，减少开支、少花钱、多办事、办好事。在质量、数量等各方面都要求事业单位实行预算管理，实现资源的合理分配，打破以往的"经费由拨款、预算管理"的传统观念和管理方式，真正实现"两个根本"的转变，建立符合科学规范的、符合市场经济规律的、有利于加强财政预算管理和国家宏观经济管理的制度，同时强化单位财务管理，建立自我发展、自我约束机制，提高资金使用效果、促进社会事业改革发展与进步。

(四)单位预算是经法定程序批准的事业单位年度财务收支计划

单位预算的编制、审批、执行、调整以及决算的编审与报告，都涉及单位预算的法定程序性，反映出了单位预算是经法定程序批准的事业单位年度财务收支计划的特征。为此，必须树立单位预算的法定性和严肃性，真正强化单位预算的硬约束，保证事业单位能够依法以独立法人实体和市场竞争的身份筹集资金，合理调配资金，提高资金使用效率。

二、实行"核定收支，定额或者定项补助，超支不补，结转和结余按规定使用"预算管理办法的意义

(一)进一步厘清国家与事业单位的关系，有助于转变国家包办事业的传统观念

从形式上讲，就是把以前的由国家财政拨款进行全额拨款和收支差额的方式，改为按一定比例或按比例分配的办法。从根本上说，改变了过去由国家财政包揽事业单位，实行财政收支平衡的做法。

财政部门根据事业特点、事业发展计划、工作任务、国家财政政策、财政资金等情况，确定财政补贴标准，以使事业单位发展政策得到最大程度的体现。根据公共财政的基本原理，国家对符合社会共同需求、国家重点扶持的事业单位和发展项目，应该给予更多的资金，对于其他单位，要让其逐步走向市场，并逐步降低或不给予补助。同时，采用财政补助的方法，使财政工作从消极转向积极，发挥其对资源配置的杠杆作用。

确定事业单位财政补贴的基本原则：一是根据社会的普遍需求，确定财政资金对事

业单位的补助范围。补助的对象应该是那些具有公共利益和长期利益的、没有直接经济利益的领域或事务,例如基础教育、基础研究、公益研究、地震预测、档案管理等。对此类事业单位的财政拨款,要按其正常发展的要求予以拨款;对于收入比较稳定、社会福利性质比较大的机构,国家财政可以按国家的发展方针和单位的收支情况,按一定的标准或固定的方式拨出一定的资金,支持它们的发展;对于能够进入市场的机构,应该从资金上脱离财政,鼓励民间资本投资,使之既符合社会需求,又能够减轻财政负担。二是确保集中和兼顾之间综合协调。财政部门要根据其性质、业务特点,明确其重点扶持对象,在事业资金总量持续增加的前提下,要调整支出结构,鼓励发展具有前导作用的事业,并加强基础教育、基础科研等对国民经济发展有重要影响的事业。三是要根据事业单位的自给程度,制定相应的财政补贴限额。要尽量做到科学、合理、适当地适应情况的变化。财政部门应与有关部门共同努力,为事业单位进入市场化运作创造有利条件,促进其更好地组织其收入,提高其资金自给程度。

对事业单位的补助,可以采取零基预算法,也就是对事业单位进行财政补贴,打破基数概念,依据事业单位性质、工作计划、任务,综合事业单位财务收支状况,从零开始重新核定补助数额。一般分三个阶段进行,第一阶段是确定单位的基本数据,如职工人数、房屋建筑面积、设备状况、车辆数量等,为政府补助金额的估算提供依据。二是要制定合理的开支限额,例如,按国家规定的标准来安排工作;公务、业务费等根据工作需要,并与物价水平挂钩;维修购置费用按单位目前的住房设施状况而定。三是依据相关的基础数据和支出限额,计算出各单位的支出金额,并与其本身的收入和财政收入相挂钩。事业单位有特殊需求的,须经财政部门另行核准。

(二)加强对单位预算的硬性约束,使事业单位的预算管理责任得到进一步加强

事业单位预算应当是自求平衡的,因此,也就加强了事业单位的预算管理责任。要实现收支平衡,事业单位必须积极组织各类收支,实行多样化的筹资方式,并注意节支,提高经费的使用效率;改变"等""靠""要"的陈旧观念,逐步形成自我约束、自我完善、自我发展的运作机制。

(三)有利于加强事业单位收支管理,对收支统管,实行全收全支的新收支管理模式

实行广义单位预算,核定收支预算是广收广支预算,这种办法要求:一是单位各项收入全部纳入单位预算,有利于加强收入管理;二是将各项支出全部纳入预算,有利于保证支出安排合理,资金分配使用得当;三是有利于掌握和控制收支总体规模,并对收支统管,实行全收全支的新收支管理模式。

实行收支统管,进行统一计划,统一核算和统一管理,适应我国社会主义市场经济体制改革的客观需要;有利于推动机关经费供给模式的改革;推行收支一体化,可以进一步强化事业单位的各项财务、会计工作,提高各种经费的综合利用效率。

三、单位预算的分类

事业单位预算根据不同的标准可以有不同的分类,目前主要有以下三种:

(一)收入预算和支出预算

收入预算是指事业单位在一年中,以不同的方式、不同的途径取得的财政收入预算计划。它将财政部门在财政年度中所能获得的所有财政收入预算计划汇总起来,包括财政补助收入、上级补助收入、事业收入、经营收入、附属单位上缴收入和其他收入预算。收入预算是实现事业规划的财产保障,是事业单位收入来源多元化的体现,也是其依法筹集资金的能力和资金来源结构的重要依据。

支出预算是指各部门支出规模、支出构成的对应支出,包括事业支出、经营支出、投资支出、对下属单位的补助支出预算计划。从某种意义上说,支出预算是衡量单位规模、发展速度和发展趋势的重要指标。

收入预算与支出预算是相互依赖、不可分割的,它们共同组成了一个完整的事业单位预算整体。在实际工作中,不要只关注支出预算,而忽略收入预算。否则,如果收入预算没有落实,资金不足,支出预算难以实施,对事业发展和工作任务的经费没有保障,会严重影响事业单位的正常发展。

(二)事业单位本级预算和所属各级预算

事业单位本级预算是指除了国家和地方两个政府部门拨款的基础设施投资和独立核算事业单位创办的各项业务收支的所有资金收支。它的预算收支内容和会计核算收支内容是统一的,它可以直接反映预算收支的执行状况。

所属各级预算,指包括在事业单位本级的预算范围内,事业单位所属的各级非独立核算事业单位编制的,或者对某一特定用途项目的资金收支计划。其主要内容有两个:一是事业单位内部所有未单独核算的机构的预算;二是对专项资金的收支安排,例如,科研项目、捐赠收入等。与事业单位的预算相比,其所属部门的预算也包括了大范围、小范围两个层次。

(三)财政补助收支预算、预算外资金收支预算和自有资金收支预算

财政补助收支预算是指事业单位在本年度中,预期可从财政部门获得的各种补助收入和支出的收支计划。这一预算编制的目标是为政府制定国家预算提供依据。

预算外资金收支预算是指根据国家有关规定,由事业单位在预算外资金账户中存入的预算外资金收支计划。根据《国务院关于加强预算外资金管理的决定》的规定,为履行或代行政府职能,依照国家有关法律和规章规定,收取、提取和安排使用的各类财政性资金,均属预算外资金。在执行国务院的决策中,事业单位的预算外资金应当单独制订收支计划,并设立专门账户进行核算和管理,任何事业单位不得挪用、截留、转移。经财政部门核准的预算外资金,或者由财政部门划拨的,由财政部门统一核算和管理。这一预算编制的主要目标是加强对预算外资金的统筹管理和控制。

自有资金收支预算是指除政府补助收支和预算外收支以外,所有资金的收支计划。这一预算编制的主要目标是:做好各部门除了财政主渠道之外,多渠道筹集和利用资金的收支统筹管理与控制。

第二节 事业单位的定员定额与收支标准

一、事业单位定员定额

(一)定员定额的意义

定员定额是指根据国家的政策和事业单位事业发展计划、任务和生产经营的实际状况,在人力、物力、财力等方面所规定的指标限额。

定员定额包括定员和定额两大类。"定员"是国家规定的单位编制和人数。事业单位的定员分为两类:按单位工作的繁简程度、业务量的多少、机构类型的大小,分别确定编制数量;国家按照具体的事业单位确定的工作人员的数量。"定额"是指按单位工作需要而制定的各项经济指标,即工作中的标尺,同时也是具体的计算与分析基础。其内容有收入定额、支出定额、实物使用定额等。

定员定额对单位财务工作具有深远的影响。

1. 定员定额是编制、核定预算的重要依据

定员定额是有关部门按照相关政策法规,在保障工作计划和工作任务的基础上,结合国家人力、物力和财力的情况制定的。在编制过程中,相关部门不仅参考了历史数据,而且还考虑到了各个方面的发展和变动。它既考虑到各地区、各部门、各单位、各收支项目的特点,又注意到各部门之间的全面均衡,因此,既是财政部门拨款、审计单位预算的重要依据,也是编制预算的一个重要依据。财政部门在编制预算时,根据一定的人员定额,避免了地区、部门、单位之间的不均和宽严不一。在编制预算时,要根据一定的人员定额,进行资金的合理调配,确保各项工作的顺利进行。

2. 定员定额是加强财务管理,开展经济核算的重要手段

定员定额管理是机关财务工作中的一个重要环节,它对人员配备、财务收支、资金占用、物资储备、设备使用等都有很大的影响。全面、科学、先进的定员定额制度,可以使各部门的收支有一个清晰的衡量标准,并能激发各部门的潜能,发挥现有的人力、物力、财力,扩大财源,节约开支,增加资金的使用效果,力求在最少的投入下,实现最大的社会和经济效益。

3. 定员定额是分析、检查、考核预算执行情况的重要尺度

把定员定额作为分析、检查、考核单位预算执行的标准,既方便快捷,又能及时地找出项目实施中的不足,从而采取切实可行的措施,纠正和改善工作中的问题,促进落后单位向先进单位转变。

4. 定员定额是实现单位预算自求平衡的重要基础

鉴于定员定额是一种有约束力的指标,利用定员定额对各部门的收支进行管理,可

以使单位的预算更加合理，有利于加强对财务的管理，对各种收支进行严格的控制，确保单位预算的自我平衡。

定员定额是事业单位财务工作中的一个重要组成部分，它的重要性直接影响到财政工作。

对人力、物力、财力的合理配置，对推动各种工作都是有益的。财政部门、主管部门和事业单位自身，在安排人力、物力、财力等方面，要有一定的人员限额，才能按事业发展和工作任务的规模，在人力、物力、财力等方面作出适当的安排。

对各单位的财务核算、改善经营管理、增加收入、节约开支都是有益的。利用定额分析、检查、考核单位预算执行情况，促使单位挖掘潜能，扩大资金来源，努力增加收入，认真精打细算，节省支出，做到少花钱、多办事、多办好事。

这对我们理解客观规律和不断改进的财务管理是有益的。定员定额是各种事业内部的经济关系，通过使用定员定额，可以加深对各项事业内在经济关系及其规律的认识，自觉运用客观规律，改进财务管理方法，提高财务管理水平。

（二）定员定额的种类

1. 事业单位定员的分类

根据单位的种类而规定的定员，这就是国家按照事业单位工作的繁简程度、业务量和机构类型的不同，对编制数量进行了分类。比如，文化馆和防疫站的人员配置，都是按照所属行政区划和人口数量、单位所属等级来确定的。

根据定员比例确定的定员，也就是国家按照一定的业务计算单位，按照一定的编制比例，按照一定的工作人员的数量来安排工作人数。比如，一所医院的床位数量是多少，一所学校的教师数是多少。上述人员的编制，主要是为了确定人员的数量和控制。在一个单位里，也应该对不同人的比例作出规定。比如，在所有综合医院中，医务人员、行政人员和勤杂工的比例是多少；研究机构中，科技人员、行政管理人员和勤杂工的比例是多少。

2. 事业单位定额的分类

（1）按定额的性质分类

收入定额是指为合理安排收入而制定的限额，也可划分为：补偿性收入限额，在经营活动中，为弥补经营开支的一部分或所有开支，而按一定比例收入定额；生产性收入定额，指为社会提供相应的产品时，为保障社会的再生产而获得收入的定额；代办性收入定额，是指单位为他人或单位处理事务所得收入的定额。

支出定额，是指为了合理掌握各种开支而制定的定额，大致可以分为：人员经费定额，即人员经费和各种开支的定额；公共资金限额，指公共资金和各种支出的限额。

（2）按定额反映的效果分类

人工工效定额，是由劳动人员承担工作量的定额；

设备工效定额，是指各种设备的使用定额；

成果费用定额，是指按单位为达到某项事业所需支出的定额。

（3）按定额的范围分类。

单项定额，指每一单项的收支定额；

综合定额,指在同一类型、同一性质的项目内,几个单项的定额汇总;

扩大衡量定额,是指几个综合项目的总定额,其形式是一个扩大的、计算单位收入和支出的定额。

(4)按定额的运用分类

预算定额,指为设计、编制、核定预算而使用的定额;

执行定额,指用来监督预算执行的定额,是对预算的实施效果和资金利用的效果进行监督的一个定额。

(5)按定额的计算依据分类。

货币定额,指直接以货币进行计算或按实物进行折算的定额;

实物定额,即按实物数量的配备量或消耗量的定额。

(三)定员定额的制定原则和方法

1. 定员定额的制定原则

必须确保需求和可能。在人力、物力、财力条件允许的情况下,定员定额的制定尽量满足人员的需求,以保证编制人员的数量。

不仅要参考历史资料,还要注意发展的演变趋势,根据历史规律,综合考虑实际条件和发展的变化趋势,进行科学的决策。

在坚持差别待遇的同时,也要兼顾全面均衡。在编制定员定额时,既要考虑地区、单位和单位类型的差别,又要在同一类型、同一性质、同一地区范围内寻找同一要素。并注意两者的全面均衡,以便确定人员定额指标的适用性。

它不仅要有不同的计算依据,还要有一个统一的计算口径。使其能够满足不同性质、不同类型单位的需求,同时能够在地区、部门、年度间进行对比分析与评估。

预算编制的范围应与预算账户的规定范围保持一致,以保证与预算管理的有机统一。

2. 定员定额的制定方法

(1)制定定员的方法

用来监督预算执行的定额,是对预算的实施效果和资金利用的效果进行监督的一个指标。事业单位定员是指按照单位性质、规模和特点,在全国事业单位的劳动定额中,经编制机关、业务主管机关、财务机关共同制定的。具有以下两个方法:

第一个方法是按机关的级别、规模、工作任务、管辖区域和管辖范围内的人口来决定编制的。

第二个方法是根据具体业务的计算比例来决定员工编制数量。比如,学校按照在校人数的多少来决定教师编制。而医院的工作编制,是根据病床的数量来决定的。

(2)制定定额的方法

有些指标由财政部门、财政管理部门制定,由各部门负责实施。有些是单位按照上级的要求,结合本单位的实际,自行制定的。不管是谁制定的,其编制过程和方法都大体上是一样的。

编制定额时,要明确所规定的限额所包括的内容,不然就不能确定所规定的定额。

收集数据并进行分析,定额是一种有规律性的比例关系,要想合理地确定指标,就必须收集有关的数据,对其进行分析、总结和整理。

制订计划并上报审批,经过以上工作,再结合目前的需求、可能性等主观因素,在广泛征求各方意见后,提出指标计划,报相关部门审批,并经批准后实施。

定员定额还应根据客观条件的变化,不断调整。

二、事业单位收支标准

(一)收支标准的意义

事业单位的收支标准,是指政府为其管理和管理财政所制定的统一的准则,是收入标准与支出标准的总称,它包括收支范围和货币额度(或实物数量额度)两个部分。

"收入标准",也就是"收费标准",它是对社会提供劳务、服务、技术和产品的统一收费标准;"支出标准",也称为"费用开支标准",是对事业单位进行各种财政支出的统一规范。

在收入和支出方面,收入和支出的范围是指在每项收入和支出中,清楚地说明了什么是可以收取或支出的,什么是不可以的。货币定额(或实物数量额度)是指在每项收入和支出中,都有一个明确的数额。

事业单位的收支管理工作标准涉及的领域很广,类型也比较复杂,应用领域也不一样,但都是国家财务法规和财务制度的一部分,反映了党和国家的方针政策,具有政策性、统一性和指导性的特征,是事业单位组织经济活动、办理财务收支、编制预算、开展财务活动分析和财务监督检查的重要基础,必须严格遵守。

事业单位收入与支出在经济活动中占有举足轻重的地位。

1. 有利于建立收支管理的正常秩序

各项收支标准是一个财务活动的统一规范。严格执行收支标准,是合理安排财政收入、合理使用资金、强化财政管理、建立健全财政收支秩序、确保单位预算顺利完成的关键。

2. 有利于加强财务监督和维护财经纪律

收支标准是财务监督工作的一个重要基础。只有这样,才能在财务监督工作中,有一个明确的衡量标准,才能作为正确的判断依据,才能保证财务监督工作的顺利进行。同时,通过对财务进行检查,可以使各单位遵章守纪,防止出现任意增加收入、违反财政纪律的不良现象产生,达到维护财务纪律的目的。

3. 有利于正确处理国家、单位和个人的利益关系

收支标准是国家根据各方的需求和可能性,按"统筹协调、合理负担"和国家、单位和个人利益的统一原则来制定的。认真执行国家规定的财政收支标准,是正确处理国家、单位、个人之间的利益关系、调动各方积极性、保障工作顺利进行的重要举措。

(二)收支标准的种类

1. 收入标准的分类

(1)财政补助定额

财政补助定额即国家财政对事业单位补助的预算定额。

(2)事业收入收费标准

事业收入收费标准指事业单位在业务活动中为社会提供劳务、服务和技术而收取费

用的相关规定。按照预算科目分类,它包括工业、交通、商业事业收入收费标准、农业、林业、水利、气象事业收入收费标准,文教事业收入收费标准,卫生事业、抚恤事业收入收费标准,科学事业收入收费标准,城市公用事业收入收费标准,其他事业收入收费标准等;按照性质分类,它包括文化娱乐方面的收费标准、科学教育方面的收费标准、社会保障方面的收费标准等。在收费标准上,应当坚持"合理负担、适当补偿、适当收费"原则。与此同时,科研事业方面的收费也要妥善处理好成本补偿与经济效益之间的关系。

(3)经营(生产)性收费标准

经营(生产)性收费标准指事业单位在从事专业业务和其他附属活动以外的经营活动所获得的收益,其收费标准和定价。

2. 支出标准的分类

(1)按预算科目分类

工资"目"的支出标准、补助工资"目"的支出标准、职工福利费"目"的支出标准、社会保障费用支出的标准、人民助学金的"目"支出标准、公务费用"目"的支出标准、业务费用"目"支付的费用支出标准、维修费用项目付款标准、设备购置费用的标准、其他费用"目"的支出标准。

(2)按费用性质分类

劳动报酬性成本支出标准,是指由国家统一制定的各种工资报酬支出规定;

生活津贴费用支出标准,是指国家为了满足职工生活、工作(生产)的特殊需求而制定的各种津贴和补贴的统一规定;

福利津贴费用支出标准,是指国家为了提高员工的福利,为员工及其家庭提供方便而制定的统一规定;

劳资补偿性费用支出标准,是指国家为了弥补因公工作而增加的工作所产生的各种费用支出的统一规定;

公用性费用支出标准,是指政府为进行工作和商业活动,为生产和经营所需要的各种公共支出而制定的统一规定。

(3)按计量依据分类

实物标准,国家以实物量为依据所制定的费用开支标准;

货币标准,国家以货币量为依据所制定的费用开支标准。

(三)制定收支标准的原则和方法

1. 制定收支标准的原则

事业单位的收支标准制定是否合理,直接影响着事业的正常发展,影响着广大职工的切身利益。所以,在编制收支标准的时候,要按照党的有关方针政策,根据当时的政治、经济形势和收支管理的需要,认真执行下列几个基本原则:

(1)制定收费标准的原则

基于服务对象的客观事实,也就是说,只要存在一个直接服务的事实,可以根据国家的法律,设置一个收费项目,并决定一个费用的标准。

要坚持"取之有度,用之得当"的原则,就是要在确定收费标准时,充分考虑职工的财力,做到"取之有度"。同时,要把所有的收费和支出都纳入统一的财政管理,并严格控制使用范围，不能随意支出，"用之得当"，这也是核算标准时的依据。

要重视与相邻区域的协调，注重历史条件的衔接。在确定和调整收费标准时，要注重历史发展，在现行的基础上，使之保持相对的稳定性。同时，在制定区域或区域内的地方标准时，应尽量与相邻区域的同一性质、同一项目的收费水平保持一致，避免彼此冲突。

（2）制定支出标准的原则

需求和可能性结合的原则。坚持以经济条件为基础，最大限度地满足事业单位发展需要中的资金要求。

统筹协调、平衡的原则。在制定和修改这些标准时，既要处理好国家、单位、个人之间的关系，又要注重地区与地区之间、一般性与特殊性之间、两种相关的成本标准之间的协调、均衡。

要与市场物价相结合。费用开支标准的制定必须充分考虑市场物价水平，要与当地的物价水平相结合，并随市场相关商品的价格波动及时进行调整。

2. 制定收支标准的方法

（1）收费标准的制定方法

事业单位收费标准的制定方法，收费项目的确定应符合国家法律法规的规定和服务的事实。收费标准应依据所需之合理费用和财政拨款，并结合各单位和个人的经济承受情况来计算。

经营（生产）性收费标准（产品价格）的制定方法，经营（生产）性收费标准（产品价格），要按照党和国家的方针政策，考虑到各行业的不同经营（生产）特征，考虑供求关系、技术复杂程度、服务对象、服务质量、对相关行业的影响。原则上是以成本、税金和合理利润为基础进行核算，实行按质论价，分等定价，优质优价，低质低价。

（2）费用开支标准的制定方法

在确定费用开支标准时，必须明确开支标准的内容与范围，然后按其内容和范围来决定开支的标准，具体的办法如下：

实物法。实物法通常可分为三个阶段：第一，开支范围的确定。即按照支出的目标和内容，将支出划分为几类，确定不同的实物标准。第二，实物标准确定。根据目的、原则、要求以及消耗目标所需要的物质的数量，来决定其种类和数目。第三，货币标准的换算。除了要确定开支范围和实物标准外，还需要考虑到价格因素，把实物标准转换为货币标准。

货币法。货币法是以货币需求作为核算依据的一种方法。它的具体措施为：明确标准的目标、要求和费用标准的内容和范围；根据其内容和范围，进行调查研究，搜集资料，并在此基础上进行加工、整理；根据现行标准、毗邻地区的实际状况、价格等因素，进行全面的权衡再确定。

第三节 事业单位预算编制和审批

一、单位预算编制原则与方法

(一)单位预算编制原则

事业单位预算具有很强的政策性,涉及面广泛,类型较复杂,为了搞好单位预算的编制,必须坚持相应的编制原则和运用适当的编制方法。就编制原则而言,应坚持下列原则:

1. 及时性原则

单位预算编制应在特定的时间内予以完成,为此,要求遵循及时性原则。

2. 完整性原则

在广义单位预算管理上要求事业单位的各项财务收支均纳入单位预算编制的内容。因此,要遵循完整性原则来编制单位预算,不得"打埋伏"和在预算之外另留收支项目。

3. 可靠性原则

可靠性原则实际上是"自给自足,收支相抵"总原则的体现。事业单位编制的预算编制要按收定支,做到收支相抵,不能有亏空。它要把事业发展与建设的需求结合起来,又要把财政资源的可能性考虑进去。决不能超出财政能力,也不能做财政赤字,因为事业单位不是以营利为目的,它有收入才能够来安排支出。就算能负债,也和企业依靠利润来偿还债务是两码事,更不像工具可以发行国债来填补财政赤字,所以事业单位没有任何理由去做赤字预算。在这一点上,"事业单位的预算要做到收支平衡,不要搞赤字",避免收支失衡。

根据可靠性原则,事业单位对未确定的收入项目和金额不能进入预算,以避免用这一"收入"来安排支出,在制定财政收入时要坚持"稳中求进"的原则。事业单位要把必需的开支预算做足,不要留硬空子,以免在核定了预算之后,要经常调整开支,用科学、合理的办法,根据实际情况和收入的规律,进行统计,保证所有的数据都是真实的,不能胡乱捏造。

4. 合理性原则

事业单位按照事业发展规划、工作任务进行预算编制,必须坚持合理性的原则。也就是说,在事业单位的预算编制中,要做到对所有的支出项目进行合理的安排。在事业单位的支出中,要优先保障两个方面:一是刚性支出,比如员工工资;二是保障企业正常运行所必需的支出,包括公务费、业务费、设备购置等。在预算编制的时候,事业单位要统筹考虑,保证优先次序,并合理安排其他支出。

根据财政部的有关规定,政府补助收入仅限于对事业单位的安排,包括上级政府的补助,包括财政补助收入在内的其他部门的收入,也都用于行政管理,但有特别规定的除外;专款所列支出项目,应当详细列出并说明;事业单位要用非财政补助收入(含预算外)安排自有资金的,应当按照审批手续办理。

5. 政策性原则

单位预算是事业单位的年度财政收支规划,它直接关系到事业的发展方向、规模和速度。单位的预算要反映出党和国家在单位内的工作的方向和范围,体现党和国家的路线方针政策。所以,事业单位要坚持"政策性"的原则。此外,为了保证预算的落实,还要依靠群众,认真倾听群众的意见和建议,和群众一道贯彻国家有关方针政策和规章制度,切实搞好单位预算编制。

6. 统一性原则

各事业单位在编制预算时,应按国家统一的预算表、统一的口径、程序、计算基础等,填写相关的财政收支数据。

在上述诸原则中,根据"量入为出、收支平衡"概括的可靠性原则是总原则,其他各原则是具体原则。

(二)单位预算编制方法

预算编制之前应做好一些基础性准备工作。

1. 预算编制的前期准备工作

事业单位对上年度的预算进行总结分析,主要包括:一是财政收入预算完成情况,对各个渠道的组成比例进行分析,并对其变动趋势进行分析;二是对支出的完成情况进行调查,并对实际的支出构成进行分析,通过与预算的比较,找出收支变化的规律,为新一年的预算编制奠定坚实的基础。

事业单位要掌握财政年度工作发展规划,掌握财政收支情况。首先,要了解和掌握财政年度事业发展规划和工作对事业单位的收入,包括财政补助、上级补助、事业收入、经营收入、下属单位上缴收入等;其次,要了解和把握财政年度事业单位在事业规划和工作中所需要的资金,如事业支出、经营支出、基本建设支出、对下属单位的补助等;最后,在了解和把握年度财政发展规划中各个项目的优先次序之后,在编制预算时确保重点,同时兼顾总体。

要准确理解有关部门在事业单位预算编制方面的相关规定。

并对预算的基础数据有正确的把握,基础数据是一个单位在其工作和开展业务活动中的表现,如员工人数、各种补助定额、消耗定额、收费标准等。

2. 单位预算编制的基本方式与方法

(1)单位预算编制的基本方式

单位预算编制方式有两种:

单式预算:单式预算是把整个预算年度的财政收入和支出都编入一份预算表。它的最大特征就是能够全面地反映预算年度财政收支的规模和走向。

复式预算:复式预算是把一个预算年度中的全部财政收入和支出,按照各种形式,分别编成两份或多份预算收支表,并进行核算。它的最大特点就是对预算收支实行分级管理与控制,使其更好地发挥其调节和硬约束作用。

《预算法》明确了国家和地方财政的预算是按复式预算进行的。然而，在一些事业单位中，也存在着使用复式预算的情况。据了解，目前一些高校在编制经费预算时，采取的是复式预算的方法，即按计划进行，将其分成两大类：一是经常性支出；二是建设性支出。经常性支出主要有教职工经费、助学贷款，日常组织教学、科研、行政、后勤、对外服务等；建设性支出是指在本年内列入的专项事业发展支出，按照优先顺序排列。在保证经常性开支的基础上，合理安排建设性开支，既要保证经常性开支，又要兼顾建设性支出。有些院校还将此称为"递补预算"，即将支出预算分成"必保项目预算"和"递补项目预算"，按照"必保项目预算"和"递补项目预算"的顺序排列。

（2）单位预算编制的基本方法

零基法：它是核算单位预算收入和支出的方法。一种对计划年度财政收支的每个项目进行审查并评估其需要和数额，而不考虑去年的数据。美国20世纪70年代采用了此方法，而我国的事业单位预算中的发展资金或设备购置费用的计算适合采用零基法。它的优势在于克服了基数法中的不合理因素，使得预算经费的分配努力达到最优；劣势是工作量大。

基数法：基数法又称为基数增减法或增减量法，它是计算预算收支的一种方法。根据前一年的预算收支作为基数，对影响本年度计划收入的各种因素进行分析。它主要内容包括政府重大经济措施的变化，财政和税收制度的变化，物价、利率、工资、税收等调节因子的调整，以及对财政收支的增减计算。该办法通常用于编制财政收支预算。基数法是现在使用最多的方法之一。

系数法：它是预算收支测算方法之一，运用预算收支与经济指标的比较，计算出一年的计划收入和支出。预算收支的计算方法主要有两类：绝对系数和增长率因子。

比例法：它是预算收支测算方法之一，运用有关统计、会计等资料，计算个别项目与财政收支的比率，按个别项目的收支比例，计算出总项目的收支，或者按总项目的收支来计算一个项目的收支。

定额法：它是预算收支测算方法之一，是运用各种预算定额或收费标准，以及有关经济、事业指标测算预算收支的方法。

综合法：它是预算收支测算方法之一，是综合利用以上有关方法测算收支的一种方法。

在实际工作中，有些预算支出是按照零基法和基数法来计算的。即使在某一项支出项目中，也有零基法部分的计算和基数法部分的计算。采用综合法进行核算，可以科学、全面、可靠地进行事业单位的预算编制。

另外，在编制年度预算的方法上，也存在着许多问题。比如，收入、支出预算有些分开编制，有些合并编制；有些收入预算按来源渠道编制，有的按部门、单位编制；有些支出预算是按照"目"项编制；有些是按照开支目的编制；有些是其中两者相结合。不同的编制方法，应根据不同的财政管理制度和会计核算、管理的具体要求与习惯而定。不论采用哪一种方法，其基本办法都是相同的，那就是：事业单位预算参照上一年度的预算执行情况，按照预算年度的发展规划、任务和财政的可能性，并考虑到年度的收入和支出的增加和减少进行编制。

3. 收入预算及支出预算的具体编制

（1）收入预算的编制

事业单位收入预算主要由财政补助收入、上级补助收入、事业收入、经营收入、附属单位上缴收入、非同级财政拨款预算收入、其他收入构成。其中，财政补助收入按财政部门核定的定额和补贴标准编制。非财政补助收入的部分，要按照《规则》所述的收入分类，编制各项相关的项目收入预算，尤其要注意以下三个问题：一是按照事业收入与营业收入的划分，将事业单位从事专门业务或其他附属活动所获得的强弱，纳入事业收入项目；将除其他专业业务和附属活动以外的其他非独立核算的经营活动，纳入经营收入项下。二是对于各项的具体收入项目，属于有一定收费标准的，要按照相关业务的标准来核算；如果没有明确的收费标准，要按照去年的执行情况，并考虑到本年度有关的因素。三是按照《国务院关于加强预算外资金管理的决定》的要求，实行财政预算外资金统一核算、统一管理。《规则》将事业单位划入财政收支的，仅包括财政部门从财政账户中拨付的预算外资金，以及批准不上缴财政专项账户的一些预算外资金。

（2）支出预算的编制

事业单位支出预算包括事业支出、经营支出、对附属单位的补助支出以及向上级支出的支出等。按照具体的支出项目，事业支出和经营支出可以分为两大类：人员支出和公用支出。事业单位在编制支出预算时，要按照《规则》中关于支出划分的相关要求，合理地编制各类支出预算。属于从事专业业务活动及其附属活动的支出，列入事业支出项；属于从事专门业务活动和其附属活动以外进行非独立核算的经营活动所产生的支出，列入经营支出项。在此基础上，还应注意事业支出与事业收入并非成比例关系，单位的各种收入所得，除了经营收入以外，均可直接投入到事业支出上。为了准确地反映单位的具体收入情况，经营费用和经营收入是一种配比关系，能够正确地反映经营收支结果。各类支出项目，属于人员支出的，需按照相关标准、编制人员等进行编制；属于公共开支、有支出限额的，按实际情况编制。

二、单位预算编制和审批程序

事业单位年度预算的编制与实施，是涉及整个单位工作的重大问题，应该受到各级领导和群众的高度关注和重视。单位预算的编制与审批过程，大致可分为"两上两下"，其具体程序如下：

（一）单位提出预算建议数

事业单位在正式预算编制之前，应依据上年度预算和年度工作计划、工作任务，分析各种增减因素对单位收入、支出的影响，并建议年度全部收入、支出预算，包括所提建议的数量，经最高财务决策机构审议，并按国家预算支出的类别和管理权限，报相关主管部门，并进行审核汇总，报同级财政机关。

（二）财政部门下达预算控制数

财政部门收到各主管部门提交的预算建议数后，要对其进行审查，一是审查事业单位预算建议数是否合理；二是根据国家有关规定，审查收入是否全部纳入预算，支出是否按照相关支出标准编列，结合本预算年度财政可供资金，经调整后下达预算控制数（包括财政补贴指标)。

(三)事业单位依据预算控制数编报正式预算

各事业单位应按财政部门、上级部门的预算控制数,按轻重缓急,对有关支出进行相应的调整,并编制正式预算,由有关部门审查、汇总,上报财政部门。

(四)财政部门正式批复预算

各有关事业主管部门提交的事业单位预算,经财政部门审计,对符合编制条件的,在规定时限内予以批复下达。

财政部门根据国家规定,对事业单位进行收支核定,定额或定项补助,超支不补,结余留用,并对事业单位各项收支预算进行统一核定。

收入预算要明确财政补助收入、事业收入(包括财政专项拨款)、经营收入等收入指标。

根据事业发展规划、事业单位收支情况、国家财政政策、财力等因素,制定财政补助定额或限额标准;可以为其事业单位提供一笔总补助额,也可以为其特定开支项目(如工资、设备购置和维修等)核定补贴数额。

对支出预算,按照统筹兼顾、确保重点的原则,在核定的事业支出、经营支出和自筹基本建设支出数额的基础上,核定工资、补助工资、社会保障费(包括离退休费、设备购置费、修缮费、业务费)等重点项目的支出数额。

财政补助和预算外资金的收入,应当优先用于员工的工资、必要的经营和设备的采购。

事业单位根据财政部门下达的预算控制数编制预算,由主管部门汇总报财政部门审核批复后执行。

第四节 事业单位预算执行与财务决算

一、单位预算的执行

事业单位的预算编制仅仅是一个开端,要使其顺利完成,还需要对其进行合理的安排和执行。

事业单位预算的实行,是从年初编制预算至12月31日结束的预算年度财政收支计划的执行情况。它的内容主要有三个方面:预算执行、支出预算的执行、预算均衡。在这之中特别是预算收入的取得、使用、追加、核减、调整、分析和检查预算的执行,都是单位预算的执行范围。

为了保证事业单位预算的良好运行态势,维护单位预算的严肃性、有效性,事业单位必须强化单位预算管理,实行收支统管和动态监控。

(一)完善财务管理体制

事业单位按其规模大小，可以采用"统一领导、集中管理"或"统一领导、分级管理"的财政管理制度。"统一领导、集中管理"是指在机关统一的领导下（统一财经政策、统一财务收支、统一财务规章制度、统一资源调配、统一财会业务领导），按照事业单位集中发展的需要，统筹安排，并利用财政资金和资源，集中管理财务工作和财务活动（包括财权的集中管理权、财务规章制度制定和执行的集中管理权、会计事务的集中管理权等）。

对于大型事业单位，可以实行"统一领导、分级管理"的财政管理体制，其中，分级管理是指在建立健全财经规章制度和财务收支方面进行划分，在明确单位内部各部门的权责关系和单位的统一领导下，按照财权划分、事权与财权相结合的原则，实行事业单位内各级各单位分级管理，以调动单位内各二级单位积极性。

完善财务管理体制是搞好单位预算执行的关键举措，也是搞好单位预算管理的重要一环，务必引起足够重视。

(二)积极组织收入，加强收入管理

事业单位收入预算是单位预算收入的重要组成部分，其主要工作就是要对其进行积极的组织。事业单位应当及时、足额地对收入进行核算，监督各类收入的来源是否合理、合法；是否存在截留、挪用、拖欠等情况。并且它要按时、足额地缴入财政账户，不得直接用于事业。有关部门、财政表明对事业单位未付的收入预算和专项账户的款项，要及时催缴。

(三)合理安排支出，提高资金使用效益

按照规定审批事业单位支出预算后，要严格控制各部门的支出。所有支出都要严格按照国家财政制度规定的范围和标准，不能擅自变更资金投入和支出规模。并且要切实落实"厉行节约、勤俭办事"的方针，充分挖掘潜能、增加支出、合理分配资源、提高资金利用效率。

(四)加强预算控制与分析，确保单位预算的收支平衡

事业单位的预算控制包括事前控制、事中控制和事后控制。其中，事前控制是指在正式实施之前，运用多种管理手段、方法，制定各项预算控制指标。同时，强化前期工作计划的组织与管理。事中控制是指通过对预算实施经常性的检验和分析，运用先进的财务管理和会计方法，及时了解和反映财政收支状况，及时向决策机构报告，对存在的问题进行处理。要积极发展财政资源，严格控制开支，及时调整财政预算，以达到新的收支平衡，从而达到对财政收支的有效控制。事后控制是指在预算实施结束时，对预算执行情况进行差异性分析，并对其进行总结，发现问题并提出改善措施，从而推动单位预算管理的进一步完善。

单位预算的执行过程涉及各部门和各业务过程，必须引进全面的质量管理理念，积极发挥财务和会计部门的作用，力求做到统一计划、统一核算、统一管理、统一平衡。

二、单位预算的调整

在单位预算的执行过程中,原则上不会对单位预算进行任何调整,以确保预算的严肃性和有效性。但是,在执行事业单位预算时,国家对财政补助和从财政账户拨付的预算外资金,通常不作任何调整。但若因上级单位的工作计划发生重大变动,或按国家相关政策增减支出,对预算执行产生重大影响时,应向主管部门、财政部门提出调整;有必要增加或减少的预算,应当按照有关规定,向有关部门和财政部门报告。收入预算调整后,支出预算相应增加或减少。

预算调整是指在行政部门和财政部门核准后,由于某些特殊原因,需要增加(减)收入或减少(增)开支,从而改变原来核定的预算中的收支和规模。单位预算调整可以分为两种基本方法进行处理:

(一)涉及财政补助收入追加追减的预算调整

一般来说,财政补助的收入是不能调整的,但是也有一些特殊情况,比如,上级部门根据国家发展的需要,对每年的招生计划进行了重大的调整,这会对各部门的收入和支出产生很大的影响;还有就是受到国家相关政策的影响,比如新的税收、外汇、工资、津贴等政策的实施,对事业单位财政收支的影响很大。无论是增加还是减少,均会导致事业单位增加或减少支出,单位可以向有关部门或财政部门提出追减或追加财政补助收入。

(二)不涉及财政补助收入变动,只涉及非财政补助收入部分预算调整

事业单位在收到的非财政补助收入增长或下降时,应当按照收支平衡的原则对其进行调整,但须向上级部门和财政部门报告。

此处应着重指出的是对预算外资金进行的调整。由财政专户拨付的预算外资金和未经核准不得上缴财政专户管理的,属于事业单位的预算调整,分为两种:第一种,从财政专户核拨预算外资金的预算调整比是按照财政补助收入预算调整办法办理的,除了上级下达的事业计划发生重大变化,或按国家相关政策增减开支,对预算产生重大影响,须报主管机关或财政部门追加追减外,一般不作调整;第二种,未经批准的预算外资金,由财政专项账户管理,由财政部门直接列入财政收支,在执行预算时,根据收入的增减,可以根据财政拨款的预算调整方法,对预算进行相应的调整。

三、财务会计部门的主要工作

在单位预算执行过程中,单位财务会计部门肩负着一些重要工作。毕竟广义单位预算下的收支总体统管,与会计核算保持统一口径,便于及时分析考核预算执行情况,在单位预算执行过程中,事业单位财务会计部门的主要工作包括以下方面:

按照财政预算精神,拟定执行预算的工作方案和实施方案,并报上级部门审批。

编制预算指标,按照批准的预算,将收支预算分派给下属的单位,并将相关的预算金额,提交给单位内部的各个部门。

协助各部门领导做好组织和调动执行预算。财政预算案通过审核、下发后,各单位的负责人要根据财务部门的建议,集中各部门进行讨论,在需要的时候,要动员全体职工共同商议,将预算与经营活动相结合,制定出强有力的措施,使各个部门的工作人员

共同努力，使工作和预算工作都能顺利地完成。在单位预算执行过程中，要对各个部门的绩效进行监督，并及时改进各项措施，确保年底顺利完成。

负责资金的支付、提取、拨款和使用，工作人员要按照财政预算分配的原则，严格控制和使用。

对预算的实施进行及时的分析。要每月（或旬）、季度、半年报告各部门的财政收支状况，对超收、超支、结余的原因进行分析，并向上级和部门的领导汇报，使其能够及时落实预算任务。

各有关部门要定期检查本单位的财政收支状况，严格遵守财政纪律，及时发现问题，推广先进经验。

财务会计部门不仅要搞好静态财务状况要素，如资产、负债和净资产的核算与编报，而且要搞好动态财务收支要素，如收入、支出的核算与编报。

四、事业单位财务决算

（一）事业单位决算的作用

事业单位决算是对各部门年度财政收支计划的汇总。它是将各部门在本年度的财政收支结算算出全年总数，根据决算制度编制成决算报告，并附有文字说明，作为对单位预算执行情况的一份书面总结。事业单位财务决算在事业单位中占有举足轻重的地位。

1. 事业单位决算是财政总决算的基础

事业单位决算是财政决算中的一个重要内容，其结果的好坏将直接影响到财务决算的编报质量。

2. 事业单位决算可以反映事业单位预算执行的结果

事业单位决算是运用数据综合、文字分析等手段，体现出单位预算执行情况，并对其进行考核。通过该系统可以对各单位的工作任务、事业规划、国家方针政策的贯彻情况进行分析，对其成绩进行评价，对吸取的经验教训进行总结，对社会效益和经济效益进行研究，供本单位和上级单位参考。

3. 事业单位决算可以为改进单位预算和财务工作提供重要资料

单位预算收支、资金活动、人员定额、收支标准等综合全面、系统地反映了各部门的状况，合理运用决算资料，可以找出有关规律，为改进单位预算管理和财务工作提供重要依据。

4. 事业单位决算可以为编制下年度预算提供基本数据资料

事业单位决算反映了单位预算管理中的有关规律，它可以为编制单位下年度预算提供基本数据资料。

（二）事业单位年度决算前的年终清理工作

为了全面、真实、完整、准确地编报年度决算，各事业单位在年终决算之前，要做好年底的清理工作。年终清理是指全面清查、盘点、核对、结算预算、会计科目、资金、物资等。这是预算编制的依据。年终整理通常包含下列事项：

核对预算数，财政部门和上级部门的资金；

对现金及银行存款进行清点，确保账实相符，账目相符；

清点账目，尽可能地把账结清；

清理各种应缴的资金，确保按时、足额支付；

对财产、物资进行清理，对固定资产、物料进行盘点，如有盘盈和亏损，则按照有关规定进行，并对账册进行相应的调整，做到账物、账卡、账目相符；

对会计账务进行清理，发现与会计制度不符的，应及时纠正；

核对账簿，做到账账相符。

（三）事业单位年度决算的编报

1. 年度决算报表编报的原则要求

编报年度单位决算报表必须做到统一、全面、完整、真实、准确、及时。也就是说，决算报表的形式、指标要与上级要求相符合；决算所涵盖的范围不会有任何疏漏；决算数字系统完整、真实、准确无误；报表按时上缴。

2. 事业单位年度决算的内容

事业单位年度决算，即在决算报表中填入决算和基本数字，并附上决算的书面解释。事业单位的决算报表分为两大类，即预算性质的报表和财务性质的报表，它们所反映的数字主要有预算数字、会计数字和财政数字。预算性质的报表是一种反映财政年度财政收支状况和财政活动状况的报表；财务性质的报表是一种反映单位机构、人员、工资、事业状况、事业成果、支出标准、人员定额、运行成本等基础数据的报表。单位决算报表是以决算、业务数据为基础，编制年度预算成果的书面摘要。

决算说明书的主要内容包括：对各部门的预算进行汇总，并对超收、短收、超支、结余等原因进行分析；对有关政策和财经纪律的总结和贯彻；总结收支管理，人员定额，费用标准等财务管理；对各部门事业发展与经费使用的关系进行分析，并对其社会效益、经费利用效果进行分析；对单位财务管理方法、经验教训进行总结；单位改革与预算关系的分析。

3. 预算数字应当按照已核实过的年末的预算数目来填写；会计数字应与账目中的真实数据一致；财政数字就是填写基础数字表的数字。该报表是由各业务单位统一填写的。在编制财务报表时，要把握好下列几点：财务决算采用现金收付制度，单位应收、应付、暂收、暂付，不得计入财政收支；单位的最终决算数字是实际实现数字不能以拨代报的估算；单位的决算数字要按照政策要求填写，有些是用真实数字填的决算，有些是不能计入决算的。

（四）事业单位年度决算的审查

事业单位年度决算，是确保预算编制质量的关键。做好预算审计是非常必要的。对单位预算执行情况的审核，应把握下列要点：

1. 审查决算的方法

一般有就地审查、书面审查和外部审查三种。

2. 审查决算的形式

一般有单位自查、联审互查和上级部门复查或抽查。

3. 审查决算的内容

政策性审查：是指对各部门的收入、支出、结余、资金使用情况进行审查，以确保其与国家有关法律法规、方针政策、财务财政制度、财政纪律等有关事项的审查。

技术性审查：是指对单位最终预算报告中数字的全面、完整和正确的审查。技术性审查有两种具体的方式：一是通过计算技术审核来检验最终报告的数据的准确性；二是对逻辑的复审。用逻辑思维，审核决算报告中的各种数据，是否合乎规则，一旦有可疑之处，立即深入实际去查清，以确保决算的质量。

审查单位决算的完整性和及时性。

第五章 事业单位资产

第一节 事业单位的现金和银行存款

一、现金

(一)现金概述

现金是最具流动性的一种货币资产。这是由于在市场经济中，现金是一种交易的载体，它可以在任何时候用来购买所需要的东西，支付相关的费用和还清所欠的债务。也正是因为现金是一种交易的中介，所以，包括事业单位在内的所有单位，都会产生直接或间接的现金收入与支出。

"现金"有狭义和广义之分，狭义的"现金"是指单位的库存现金，而广义的"现金"则包括银行的存款以及与"现金"相适应或可转换为现金的票据。在我国，对现金的定义是指库存现金。

(二)现金管理

其内容主要有以下几个方面：

1. 规定现金的使用范围

根据国家关于现金管理的有关条例，银行账户可以在以下条件下使用现金：员工工资、各类工资性补贴；劳动所得，包括稿费、讲座费用和其他专业工作的工资；向个人发放的各类奖励，包括各类科技、文化、艺术、体育等奖金；各种劳动保障、福利和其他单位指定的用于个人的现金开支；购买农副产品及其他商品的费用；出差人员所需的旅行费用；在结算起点之下的零星费用；其他必须用来支付现金的支出。目前，各地财政逐步实施"公务卡"结算制度，加强了财政现金的监管，同时减少了现金的使用。

除以上所列条件以外，事业单位与其他单位之间的经济往来，均需经开立银行办理。在转账结算中，转账结算单据与现金支付能力一样。

2. 核定现金库存限额

现金库存限额是指各单位为确保日常零散支出而按规定持有的最高现金额度。根据规定，每个单位的现金库存，都要有一定的额度。现金库存限额，由各单位提出，并报开户银行审核，并按规定执行。库存限额的数量通常不会超过每单位三到五天的日常开支，而在偏远地区和交通不便的地方，最多可以多达五天，但是不能超出日常开支的十五天库存量。如有必要增加或降低现金库存限额，应经开户银行核准。

3. 严格办理现金收付

单位收入的现金必须在当天送存到开户银行，如果当天无法送存，则由开户银行自行决定送存时间。

单位仅可在一家银行开设现金结算账户，提取现金。单位从银行提取现金时，必须按规定的金额，写明用途，由财务主管签字盖章，并经开户银行确认后，按规定支付现金。

单位的现金支付，可以从单位的库存现金限额中扣除，也可以从开户银行账户中提取，而不能从单位的现金收入中直接支付（即坐支）。因特殊原因而需坐支的，须经开户银行审核同意，由开立银行核定坐支范围和额度，坐支单位每月上报坐支金额和使用情况。

单位购置国家指定的专用物资，必须采用转账的形式，不能用现金支付。由于不确定采购地点、交通不便、抢险救灾等特殊情况，转账结算办理不够方便，需要用现金进行结算的，应向开户行提出书面申请，并由本单位财务主管签字盖章，经开户银行审核通过后，给予现金支付。

各单位应建立和完善现金账目，对现金的支出进行记录，并按日结账和对账。不得使用不合格的凭证代替库存的现金，不得互相借用现金，不得使用银行账户代他人存入或提取现金，不得将单位所得的资金以个人名义存入储蓄账户，不得在账外使用公款（即小金库）。

（三）现金业务的会计处理

事业单位库存中的现金按"现金"科目进行核算。任何事业单位在进行任何现金收支时，均应按照经核对的原始凭证制作记账凭证，并将其记录在案，记入"现金"科目。

"现金"科目可按收付凭证或银行存款支付凭证进行会计处理，若事业单位日常收支金额较大，应按实际情况，按汇总记账凭证或账户汇总表等核算形式，按汇总收款凭证或账户汇总表对"现金"科目进行定期或每月末的登记。"现金"科目的会计处理，将收到的现金借记于"现金"科目，贷记于"银行存款"科目；在支付现金时，借入"事业支出"科目或相关科目，贷记"现金"科目。

在会计实务中，对于从银行提取现金的业务，一般只编制银行付款凭证，不再编制现金收款凭证；将现金存入银行的业务，一般只编制现金付款凭证，不再编制银行收款凭证。

事业单位要建立"现金日记账"，以加强对单位现金的管理，及时了解单位的现金收支状况，确保资金的安全、完整。"现金日记账"是以现金收付单据为基础，按发生现金交易的先后次序进行记录。每天营业结束时，单位应按现金收入、现金支出、现金结余等进行核算，并与库存现金进行核对，并制作"现金收支报表"，并将其与原始凭证一并提交会计人员复核整理后，填制记账凭证。每月末，"现金日记账"应与"现金"科目的结余进行核对。

事业单位若有外币现金，应按人民币、各类外币分别设立"现金日记账"。事业单位如果存在备用金在相关部门的周转业务，按"其他应收款"科目核算。

(四)现金的审计

现金审计的目标是了解和确定单位对现金的内部控制是否存在、是否有效、是否符合规定；确定现金余额的真实性和完整性；确定现金收付业务的合法性和合规性；确定现金支付业务的计算和会计处理是否正确。

1. 内部控制制度的测评

事业单位要建立和完善内部现金管理体系。现金内部控制制度是指事业单位在加强对现金的管理和控制方面的制度，主要包括财务人员的职责分工，对现金的收付、审核、支票、收据、发票等的领用、退回、保管，对现金的检查与安全等。

对事业单位内部现金管理体系的考核，主要是对其各项制度是否健全、管理是否严密、分工是否明确、执行是否严格、控制是否有效等进行考核和评价。其具体内容有：

审查现金收付是否经过严格审核，各类借支款、报销凭证是否经过单位主管审查，是否与相关的现金支付业务分开进行，是否将收到的现金在指定的时间内存入开户银行，是否已超出了规定的额度，是否使用支票。

审查出纳、财务人员的分工、现金出纳人员的配备、出纳与财务人员的分离、责任的清晰和明确；是否设立"现金日记账"，逐项记录现金的收付，现金的收付是否按日结算，现金的库存量与账面的数量是否每日进行核对，并制作"库存现金每日报表"。

审查支票、收据、发票等票据的保管是否有人负责，票据的收、发、领、退等手续及登记工作是否齐全。

审查现金的审核与安全管理制度，定期对库存现金进行突击检查和抽查，确保现金的安全管理。

通过对以上内容的查证、查询，可以对机构现金管理系统进行评估，确定其是否健全，并据此确定进行实质性审核的主要环节。

2. 实质性审查

对现金的实质性审查，主要包括盘点库存现金和审查现金收付业务两方面的内容。

（1）盘点库存现金

盘点库存现金，主要是为了核查库存现金是否真实、完整，是否有白条抵库，有没有被贪污挪用，现金收入是否及时存入银行，有无坐收坐支现金，库存现金是否超过限额，现金收付是否及时登记入账等，进一步审查库存现金管理制度的执行情况。

对库存现金进行盘点，具体的方式和程序如下：

一是确定库存现金盘点的时间和人员。库存现金的盘点，最好是在早上业务工作开始之前，或者在下午业务工作结束后进行；为了避免相关人员在知情的情况下弄虚作假，应采取突击盘点、不事先通知的方式；盘点库存现金的人员应由出纳、会计部门负责人及两名以上的审计人员共同在场；盘点之前，审计员要编制盘点空白表。

二是准备一份现金余额表，以决定所需的库存现金数额。在检查之前，所有的现金都要放入保险箱内，并将其上锁、密封。在盘点开始之前，出纳应按照现金日记账的数据，将已经完成了收款程序的现金日记账，并将其制作成现金余额表，审计人员检查并与账册等相关信息进行核对，并再次进行核算，确认出纳所提供的现金结算单是否正确。若有出入，则要追究其原因，直至查清并确定库存现金的余额。

三是对库存现金进行盘点。以上工作结束后，可以对库存现金进行盘点，出纳将所有的现金开箱盘点，并将所有的现金交给审计人员，审计人员现场进行盘点，如与出纳员的点数不符，则由参与盘点的工作人员进行盘点，直到金额相符为止。在实际工作中，除了现金以外，保险箱中经常会出现各种借据、票据、发票、报销单以及其他各种单据，要仔细核对。

四是制作现金盘点表，并对其进行核对。盘点存货的现金实际数额，只反映了一个时间点的数字，而且不久就会变动，因此，在盘点完毕后，要当场做好记录，并按照不同币种、币值分别统计汇总，并与已核实的现金结算表上的数额进行核对。

五是检查库存中的现金结余是否超出了银行的批准额度，即在盘点的时候，要把账面上的现金余额与银行核定的额度相比较，看看是否有多余的库存现金。

六是核对库存现金的保存情况。为了预防现金失窃，在对库存现金进行盘点时，应当检查其保存状况，并确保其技术设备与现金管理系统的相关规定相一致。

（2）审查现金收付业务

对现金收付业务的审查，是对其真实性、正确性、合规性、合法性的核查。其主要内容包括对现金收入的审核和对现金支付业务的审查。

对现金收入业务的审查，包括以下几方面内容：

审查现金收付凭证与单位业务活动的关系，记账凭证的数额和原始凭证的数额是否相符，是否存在多记或少记的问题；原始单据与记账单据的时间是否接近，若有差异，应查明原因，查看是否存在贪污问题。

审查原始收款单据时，应审查发票、收据、存根是否连续和完整，有没有缺号，若有缺本、缺号，应追查是否有账外"小金库"、有贪污受贿的现象。同时，要留意是否有收现款而不开正式发票；发票、收据填写的内容是否完整，有没有使用涂改、分次复写等情况，以及资金的转移、挪用等问题。

审查事业单位是否严格执行现金管理制度、银行结算制度，有没有大额收入未按照规定在银行进行转账结算，有没有未按时上缴银行，坐支现金收入。

对现金支付业务的审查，主要有以下几方面内容：

审查是否与单位业务活动相关，记账凭证和原始凭证的金额是否一致，日期是否相近。现金支付业务是否在规定的使用范围内使用，是否存在超量使用现金、是否存在违规出借银行账户套取现金等问题。

审查原始支付凭证，主要检查凭证所反映的业务是否真实、是否合法、是否合理、金额是否正确、是否达到了支出的要求、是否按照规定的程序、是否办理了报批、手续是否齐全、是否涂改、伪造凭证、虚报冒领、贪污、挪用公款等。

对通过支付款项而获得的非正式凭证，要仔细核查其真实性，是否存在违规使用白条作为支款的情况，以及伪造票据的贪污、欺诈等问题。

二、银行存款

银行存款是指事业单位在银行及其他金融组织中所存的各类存款。根据国家《现金管理暂行条例》，除按核定的限额保留库存现金以外，其他资金不得存入银行；所有的货币交易，除在一定限度内可以用现金直接支付款项以外，均须经银行转账进行结算。

(一)银行账户的管理

根据《银行账户管理办法》的规定,银行账户分为基本存款账户、一般存款账户、临时存款账户和专用存款账户。

基本存款账户是指存款者进行每日的转账和支付。客户的工资、奖金等现金的提取仅限此账户。存款者申请开设基本账户时,须填写开户申请表,出具所需证明文件,出具加盖储户印章的印鉴卡片,经银行审查,并持中国央行地方分行签发的开户许可证,方可开立账户。

一般存款账户是指存款者在基本存款账户之外向其他银行借款,或与基本存款账户的存款不在一个地方的、由非独立审计单位开设的账户。存款者可以在此账户进行转账和现金支付,但不能进行现金提取。存款者申请开设普通账户时,应填写开户申请表,提交相关凭证,并提交加盖储户印章的印鉴卡片,经银行审批后,可开立账户。

临时存款账户是指存款者在进行临时性业务时,所开设的账户。客户可凭此账户进行转账结算,并按国家现金管理条例进行现金的收付。存款人申请开设临时账户,须填写有关的证件,并提交加盖储户印章的印鉴卡片,经银行审查后,可开立此账户。

专用存款账户是指存款者为了特殊目的而必须开设的账户。存款者申请开设个人账户时,须填写开户申请表,提交相关凭证,并提交加盖储户公章的印鉴卡片,经银行核准后,可开立此账户。

《银行账户管理办法》规定,已经在银行开设基本账户的事业单位,可以根据其资金的性质和业务要求,另行开设基本账户。

事业单位在银行开立账户时,须先填写一式二份银行规定的开户表,并提交上级主管部门或同级财政部门审批同意签章后,再向开户银行办理开户手续。未经批准,不能在银行开立账户。在银行办理了详细的业务程序后,由开户行向主管部门或财务部门申报确认的银行账户号码。

事业单位银行账户仅供本单位使用,不得出租、出借、套用或转让。

(二)银行结算方式

目前,我国的银行结算方式主要有支票、汇票、本票、汇兑、委托收款、托收承付等。事业单位在办理银行结算时,应当按不同的方法进行结算。

1. 支票

支票是由出票人出具的,由受委托的银行或其他金融机构按规定的票据数额向收件人或持票人付款。

如果事业单位使用支票结算,则在收到支票的当天,必须填写一份进账单,并将其与之一并寄给银行,并按银行加盖公章的第一联及相关的原始单据制作一份收款凭证,或按银行收到签发人的支票后,经银行审核盖章的进账单第一联及相关的原始单据。如果是付出的支票,则按照支票的存根及相关的原始单据来制作付款凭证。

2. 汇票

汇票是由出票人开出的,由委托付款人在开票时或在规定的日期内,无条件地向收件人或持票人支付一定数额的票据。

汇票分为银行和商业两种。根据承兑人的不同,商业汇票可分为两类:商业承兑汇票和银行承兑汇票。

如使用银行承兑汇票结算，则由收款人在汇票背面盖上银行专用章，并将付款通知、进账单一并寄至开户行，并按银行盖章退回的进账单第一联及相关原始凭证为依据；支付机构在收到银行承兑汇票后，按银行汇票的存根联编制支付票据。如有必要，在完成结算后，将银行汇票中剩余的款项退还给出款人，而出纳人在接到银行的付款通知后，将其作为付款凭证。如果银行汇票由于付款期限已过或其他原因而提出退款，则应在交回汇票、结清通知及填妥的进账单后，按进账单第一联编制收款凭证。

如果是以商业承兑汇票的形式进行结算，则由收款人将到期的商业承兑汇票交给银行进行收款，并在收到银行的付款通知后，按有关规定制作付款凭证；付款单位在接到从银行付款款项的通知后，就会准备支付的单据。银行承兑汇票结算时，收款单位应将到期的银行承兑汇票、解讫通知连同进账单一起交给银行进行转账，并按银行加盖公章退回的发票联编制收据；支付单位在接到从银行付款款项的通知后，就会准备付款的单据。若收款单位以未到期的商业汇票向银行提出贴现，则须按照有关规定，将该票据连同该票据一起寄给开户行，由银行出具的收付通知书为依据。

3. 本票

本票是指一种由出票人所开出的一种支票，它保证在开票时，一定数额地向收件人或持票人付款。

在银行本票结算时，按规定接收本票后，由收款人将本票连同进账单一起交给银行进行转账，并依照银行加盖公章退回的发票第一联及相关原始凭证制作收据；付款单位填写"银行本票申请书"，并将资金存入银行，在收到银行的本票后，按照"银行本票申请书"的存根联，编制出一张支付凭证。如果单位的银行本票超出了付款期限，或由于其他原因没有使用，应在退回本票和填写的进账单后，由银行核对并加盖公章，再按照进账单的第一联编制出一张收款凭证。

4. 汇兑

汇兑是一种由出票人委托银行向境外收款人汇钱的一种结算方法。外汇交易可分为两类：信汇和电汇。信汇是将汇款单据通过邮件发送到境外收款人指定的汇入银行；电汇是把汇款单通过电传送到收款人所指定的汇入银行。

如果使用汇兑结算，则收款人在接到银行的付款通知后，应当根据所交的款项准备相应的付款凭证；付款单位对汇出的资金，在完成汇款后，将按汇款单的形式制作付款单据。

5. 委托收款

委托收款是一种由收款人委托银行对付款人进行收取款项的一种结算方法。委托款项分为邮递和电传。第一种是以邮递形式将付款人的付款单据转交给收款人的银行委托账户，并提供收款基础的方法；第二种是通过电传的形式，将付款人的开户银行账户转到收款人的银行委托账户，并为其提供收款依据。

使用委托收款结算的，付款人在接到银行的付款通知后，应当按照付款通知制作付款凭证；付款人在接到银行的收款人收据后，按照收款人的通知和相关的原始单据，编制付款单据。如果在到期之前，提早付款，则在通知银行付款日期之前，将付款单据准备好。如果拒不付款，则视为全额拒付，不予结算；属于部分拒付的，应当在付款期限内开具部分拒绝的理由,并将其退还给相关单位。

(三)银行存款的审计

银行存款审计的目标,其目的在于了解并决定事业单位对银行存款的内部控制是否存在、有效、一贯地遵循;决定银行存款的结余是否真实、是否完整;决定银行存款的收付业务是否合法、是否符合规定。

1. 内部控制制度的测评

事业单位银行存款内部控制制度的内容,主要包括银行存款业务处理过程中的相互牵制制度,银行存款业务的审批授权制度,银行结算凭证的使用保管制度,银行存款收付业务的审核制度,银行存款收付业务的记账及定期对账与稽核制度等。

对事业单位的银行存款内部控制制度进行测评,应调查了解事业单位银行存款的内部控制系统,检查不相容职务的分工是否严密、有效,各项存款业务是否经由单位或部门领导审查批准后方可办理,支票、委托付款书等结算凭证的保管使用是否严密、合规,各项存款收付款业务是否经过严格审核并及时入账,银行日记账是否与银行对账单进行定期核对,并准备对账单进行调整,审计人员可通过对上述方面的调查、了解和查验、评价事业单位的银行存款内部控制制度。

2. 实质性审查

对银行存款的实质性审查,主要包括银行存款余额的审查和银行存款收付业务的审查。

(1)银行存款余额的审查

银行账户存款余额的审查,主要是审核机构账户账面结余的真实性。在实践中,因各事业单位和各银行的往来账户存在着未结账面,因此,各事业单位的银行账户每月结余与银行结算单上的结余经常是不相等的。因此,事业单位应当定期检查银行账户和银行结算表,并每月至少进行一次核对;每月末各单位账款余额与银行对账款余额的差异应逐一找出原因,并每月编制于关银行存款调整表进行调整。

(2)银行存款收付业务的审查

对银行存款的收付业务的审查,应从以下几个方面着手:审查银行的存款日记本与记账凭证、原始凭证是否相符,银行的存款和支付是否以合法、合规的原始凭证和记账凭证为基础,有关审批手续是否合规、齐全。

审查事业单位发生银行存款收付业务是否按规定及时登记入账,银行存款收付业务是否属于本单位的正常业务,有无违反规定擅自开立账户,有无出租、出借、套用或转让账户,有无隐匿支出挪用公款等问题。

审查事业单位现金支票、转账支票、委托付款书等结算凭证的保管和使用是否符合规定。事业单位对支票的管理是否由财务部门负责,并指定专门人员进行,支票和预留的银行印鉴分开保管,支票是否有空白的登记、销号制度,使用时是否有专人发放,并严格遵守银行有关支票结算的有关规定;结算单据,例如支票簿和它所用的存根,其编号是否连续、有无缺号、无效支票上有没有"作废"印章并妥善保管,有没有脱号、盗用空白支票、挪用公款等问题;签发支票或其他银行凭证,是否按时入账,有没有原始的支付凭证,发放的现金支票是否在指定的支付范围内,有没有违反银行的结算制度、弄虚作假、伪造用途、签发空头支票或远期支票，套取银行信用，以及为外单位和个人套取现金等问题。

审查事业单位是否严格遵守国家预算管理的规定。事业单位对所属单位拨款是否严格按照预算管理的要求办理，事业单位对财政补助收入和拨入专款是否严格按规定的用途使用，有无违反预算法，截留、转移、挤占、挪用资金的问题。

对有外币业务的事业单位，外币交易也要审核。外币业务审计的对象和内控环节与银行存货、银行存款基本一致。鉴于外币业务的某些特征，在进行会计核算时应特别关注各种外币业务的核算处理是否符合制度要求、业务外币交易的合法性、汇兑损失的计算。审核的重点是：对记账本位币的期末结余进行核查；对外币的折算为记账本位币进行抽查，核实其准确性；审核有关汇兑损账、溢账的核算处理；外币业务的合法性审查。

第二节 事业单位的固定资产

一、固定资产标准

事业单位固定资产是使用寿命超过一年，单位价值超过一定的标准，且在使用期间基本维持其原有的物理状态的资产。它包括房屋和建筑物、专用设备、一般设备、文物和陈列品、图书、其他固定资产。耐用期限在一年以上，使用寿命超过一年的同类资产，按其单位价值计算，也可视为固定资产。

事业单位固定资产的确定标准有两种：

(一)一般标准

根据目前的制度规定，最新规定的事业单位固定资产入账单位价值标准是：单位价值在1000元以上，专用设备单位价值在1500元以上，使用年限超过一年，且在使用期间，基本保持其原来的物质状态，这是确定事业单位固定资产范围的一般标准。

(二)特殊标准

对单位价值不达标，但使用年限超过一年的大量类似物资，也可视为事业单位固定资产。

固定资产的使用年限应该是合理的，与流动资产内的一次性耗材、一年内转换成现金的其他流动资产不一样，固定资产是可以重复使用的，而且可以长期使用，规定的使用期限在一年以上，是一种持久耐用的资产。固定资产在使用过程中，基本维持其原来的物质形态，这与流动资产在使用过程中，不断地变化其原有的物质形态，并且一次消耗、转移、实现等方面存在差异。固定资产的价值是指在多次使用过程中，多次地消耗、转移或实现固定资产的损耗。事业单位业务活动所需的固定资产，而不是为了出售，这区别于一般商品，通常固定资产是事业单位的主要劳动资料，用以改变或影响劳动对象，是事业单位从事业务开展的物质条件，并在一定程度上代表着事业单位的技术水平高低。

二、固定资产分类

要加强企业的资产管理，促进事业单位内部的会计核算，就需要对其进行合理的归类。目前事业单位采用了按固定资产的性质进行划分的方法，并将其划分为下列六个类别：

（一）房屋和建筑物

房屋和建筑物是指事业单位享有所有权和使用权的房屋、建筑物及其附属设施，房屋包括：办公用房，业务用房，仓库，职工宿舍，职工食堂，锅炉房等；建筑物包括：道路，围墙，水塔等；附属设施包括：房屋、建筑物内的电梯，通信线路，输电线路，水气管道等。

（二）专用设备

专用设备指事业单位按工作实际需求采购的各类专用仪器，例如教育仪器、科研仪器、医院医疗仪器等。

（三）一般设备

一般设备指事业单位用于业务工作的通用性设备，如办公用的家具、交通工具等。

（四）文物和陈列品

文物和陈列品指博物馆、展览馆、纪念馆等文化事业单位的各种文物和陈列品，如古物、字画、纪念物品等。

（五）图书

图书指专业图书馆、文化馆贮藏的书籍，以及事业单位贮藏的统一管理使用的业务用书，如单位图书馆（室）、阅览室的图书等。

（六）其他固定资产

其他固定资产指以上各类未包含的固定资产。

各有关部门可以按本制度的特点，编制各种固定资产的详细目录；事业单位应当按照所制定的固定资产分类和标准，并结合本单位实际，编制一份固定资产目录，作为固定资产的会计基础，进行分类管理。当然，要尽量把固定资产的目录尽量写得简单、实用。

三、固定资产计价

固定资产计价遵循实际成本计价原则。具体计价方式有三种，即固定资产原值、重置完全价值和折余价值。

（一）固定资产原值

它是指根据实际成本核算的原则，事业单位在取得固定资产并使其达到预定目的时所需支出的全部合理支出。固定资产的原值，也就是固定资产的原始价值。

根据相关法规，对各种来源的固定资产原值的定价有以下几点：

购买和建造固定资产，按取得时的实际成本进行会计核算。固定资产贷款的利息、相关费用、外币借款的汇兑损失（即汇兑差额），在完成固定资产结算前发生的，应计入固定资产的价值；完工决算后的支出或费用，计入本期。购买固定资产时，应按购买价款等进行核算。购买汽车所需的附加费用,应包括在购买价格中。但是,在购买固定资产时,所产生的旅差费,不会被计入固定资产的价值。自建固定资产,按照所需的工、料、费进行记账。

调入的固定资产,按调拨费、运杂费、安装费等进行核算。

对原有的固定资产进行改建、扩建的固定资产,按改建、扩建费用减去改建、扩建期间的变价收入后的净增值额,增记固定资产(价值)。

融资租赁人的固定资产,按其自有的固定资产进行核算,并在财务报告的说明中予以注明。融资租入的固定资产,按照设备价格、运杂费、安装费等的核算,计入固定资产的原值。

对被赠予的固定资产,按其市场价格或相关凭证,确定其价值。对捐赠固定资产所产生的有关支出,应计入固定资产的价值。

对已经投入使用但尚未完成交接的固定资产,应按照评估值进行核算,在确定其真实价值后,进行相应的调整。

由上可知,由于事业单位取得固定资产的方式不同,其原值的具体构成也有所差异,但都遵循实际成本计价原则。用原值进行固定资产计价,能够反映事业单位取得固定资产所支付的全部代价总额,便于描述事业单位占有使用的固定资产规模大小及业务开展能力高低。

(二)重置完全价值

重置完全价值是指以目前的技术和市场价格为基础,为事业单位再购置一项固定资产所需的全部费用。该方法能更准确地反映出固定资产的当前价值,资产清查时,对固定资产进行盘盈,按其全部重置价值计入,并增加固定资产的价值。

(三)固定资产折余价值

事业单位固定资产的折余价值是指在固定资产的原值或全部重置价值中扣除已提折旧后的余额。将其与固定资产的原值进行对比,能反映出固定资产的新旧状况,有利于企业对固定资产的及时更新和改造。

应当注意的是,目前《规则》中明确提出了事业单位应当设立维修资金,但未明确设立固定资产折旧制度。但是,从《规则》的总体精神以及相关条款的规定看,《规则》既符合我国社会主义市场经济体制的客观要求,又与原有制度保持了一定的联系。这主要表现在以下两个方面:

第一,依照《规则》第四十五条的规定精神,对能够完全实行财务制度的事业单位,或对某一项目实行按单位财务制度进行核算、管理的,应当依照单位财务制度的有关规定,设立折旧制度。一是目前已纳入企业财务管理体制的事业单位,以及其他独立核算的生产经营单位,这些单位应当执行企业财务制度,并建立相应制度;二是符合条件的事业单位,在主管部门、财政部门核准后,从实行机关财务制度改为实行企业会计制度,并按照公司的财务制度,实行固定资产折旧制度;三是实行财政制度的事业单位,如果接受外部单位的投资回报,应当按照事业单位的财务制度进行核算和管理,并建立该项目占用固定资产的折旧制度。

第二,按照我国社会主义市场经济条件下企业财务管理的现实要求,可以按照事业单位的业务和其他经营活动的实际需要，对事业单位内部成本进行核算。实行内部成本核算方法涉及折旧的问题，就此做以下几点说明：

为了准确地反映出事业单位从事非独立核算的业务活动的情况和结果，对从事经营活动的固定资产进行折旧。事业单位应当按其工作所得和业务所得的一定比例来提取。这说明修购资金的来源主要有两种，尽管渠道各不相同，但两者的作用却是一样的。尤其要注意的是，从事业所得和开展业务所得中提取的修购资金，均按以上两种所得的一定比例计算，而从事业所得中提取的修购资金，则是直接决定某一比例；而从营业收入中提取修购资金，按折旧法计提，并按营业收入的一定比例折旧，此处采用的计提修购资金计算方法有所不同，目的是正确反映单位开展业务活动时固定资产报废的实际费用开支水平。此外，应注意到，事业单位所从事的专业经营活动及其附属活动，可以按管理的实际需求，采用内部费用核算方法，并按其折旧方法进行折旧，但该折旧只是一种用于会计和管理的虚拟折旧，可以在账面上反映，并不实际计提。

事业单位可以按其不同的性质，按其管理需要，采用不同的折旧办法。总体上可以采用年限平均法，对大型精密仪器、仪器等采用工作量法。

对实行内部成本核算的事业单位提取折旧，其具体要求应在相关的单位财政和单位内部财务制度中加以明确规定。

四、固定资产管理

要保证事业单位固定资产的安全、完整、有效地利用，就必须对固定资产进行严格的管理。

固定资产管理，包括日常管理、定期管理和特项管理。

就固定资产的日常管理而言，至少要做到以下几点：一是要健全固定资产的目录、账卡制度。固定资产目录是按照固定资产类别划分的，包括固定资产的编号、名称、规格型号、附属物、产地和管理机构等。固定资产卡片或登记册，是按照固定资产的编号、类别、名称、规格型号、使用管理部门、购置时间、折旧年限、原始价值和估计净残值等而设立的。二是要建立和完善固定资产分类、分类管理。可以根据行之有效的原则来处理。实行统一管理，将各单位的固定资产按照分类划拨到相关部门进行管理；固定资产的使用、保管和维修，实行分级管理，由各级使用单位进行管理。三是要建立对固定资产分类管理的考核和评价体系。依据考核指标，对各类固定资产的技术性能和完好情况进行考核，尤其是要评估固定资产使用效益，使其充分发挥其潜在的经济效益。

就固定资产定期管理而言，主要是指机关要对固定资产进行定期（或不定期）的清查，并在年底之前对其进行一次全面的盘点清查，以核对账目是否一致，确保资产的安全、完好，发掘其潜在价值，提高利用效率和效益。

固定资产特项管理内容比较多，如果是以固定资产进行对外投资，按照国家有关规定，由主管部门、国有资产管理部门、财政部门审批、备案，并按照国家有关规定进行资产评估。事业单位固定资产的报废、转移，通常要经过主管部门的审批。大型、精密、贵重的设备和仪器的报废与转让，由相关部门进行鉴定，报上级部门、国有资产管理部门、财政部门批准。具体的审批权限，由财政和国有资产主管部门共同制定。其中，中央单位拥有或使用的固定资产，单位价值在20万元以上，由有关部门审核后报国家国有资产管理局会同财政部审批；批准的权力范围在规定的范围内，由有关部门自行决定。各省、自治区、直辖市、计划单列市可以按实际情况确定固定资产的报废、调出。单位应当按照批准部门出具的《事业单位国有资产处置批复书》，对其资产进行调整。

五、固定资产核算

事业单位固定资产的核算，应当由财务部门负责，并与资产部门分开核算，并将其记录在案。一般而言，财务部门仅负责固定资产的总账，而资产部门则要按固定资产的明细、分类、定期查账，做到账本、账卡、账实相符。

固定资产核算所使用的基本账户，是"固定资产"账户。对固定资产的原始价值进行专门核算，对事业单位按照不同的固定资产分类分别设立了明细账和固定资产卡片。

固定资产核算业务类型可划分为两种基本类型：一是固定资产增加的核算；二是固定资产减少的核算。前者包括购置、接受捐赠、融资租入、盘盈等导致的固定资产增加；后者包括因报废、盘亏、出售、投资转出等原因造成的固定资产的减少。此外，还涉及一些有关固定资产核算的其他业务类型，如增加中的基建完工、有偿或无偿调入，减少中的调出等业务。

（一）固定资产增加的核算

事业单位购置固定资产时，应当视其自身的实际需求和经济能力而定，凡属于特殊管制的，须按照规定的手续，报主管部门批准后方可购入。新增固定资产要有原始凭证，并按照有关的程序办理交接，并按照原始凭证制作会计凭证，进行会计核算。常用的增加固定资产的原始凭证有"固定资产交接单""发货票""固定资产调拨单""固定资产盘点表"等原始凭证。

（二）固定资产减少的核算

事业单位固定资产因报废、毁损及盘亏、出售或转让、投资转出等原因会发生相应固定资产减少的核算业务。属于财务会计处理方式，固定资产的转让、清理取得的收入、清理固定资产时发生的报废、损失，应增加或减少资产损溢类科目，固定资产的变价收入，除国家规定的上缴外，应转入资产损溢类科目。从理论上讲，固定资产的转移收益与固定资产的变动收益之间存在着一定的差异。固定资产的转让，是指事业单位所拥有的、占有的、未使用的固定资产，根据相关规定进行产权转让、注销，其中包括有偿转让和无偿转让。固定资产的所有权转移是固定资产的所有权、占有权、使用权的转移，并获得相应的转移收入。固定资产的转移收入是指固定资产的转移取得的收入。固定资产变价收入一般是指固定资产的变卖收入，不在固定资产的转让范围之外，属于事业单位批准的固定资产变卖价款收入，包括固定资产残值变卖价款收入和零星、低值固定资产变卖价款收入等。虽然有偿转让的固定资产收入和变价的固定资产不同，但二者也有共性的一面，表现为均属处置固定资产所获取的收入，这部分收入具有专项性收入性质，应本着专款专用的原则。

固定资产的报废是指固定资产因长期使用而产生的有形损耗，且已达预定使用期限，无法继续使用，或因技术发展而产生的无形损耗，致使其不得不更换新的、更高级的固定资产等原因导致原固定资产按相关法规进行产权核销。固定资产报废需转入清理，会发生清理收支，如残料回收价值，表现为清理收入，在清理过程中发生的费用，表现为清理费用，对报废固定资产清理取得的收入和清理固定资产报废所发生的损失应当相应地增减当年资产损溢。

根据政府会计制度，事业单位财务会计实行权责发生制，预算会计实行收付实现制，对于固定资产的处置造成的收入、支出按财务会计制度处理，不再涉及基金账户也不再登记预算会计账。对固定资产的盘亏，要找出原因，逐项处理，对于因自然灾害或其他特殊情况引起的，可以根据以往的经验和教训，经单位领导（或上级主管）核准后，予以核销；因过错导致的，应对过失人进行必要的经济、行政等处罚；属于违法造成的，应当依法严肃处理。盘亏固定资产，应当相应地将"固定资产"科目转入"待处理财产损溢—固定资产"科目。

第三节 事业单位的无形资产

一、无形资产概述

无形资产是指不具有实物形态而能为使用者提供某种权利或特权的资产，包括专利权、商标权、著作权、土地使用权、非专利技术、商誉等。由于无形资产可以在一个以上会计期间为其持有者提供经济效益，使用年限一般在一年以上，因此，在会计核算上，无形资产被界定为长期资产，而非流动资产。随着我国社会主义市场经济体制改革的推进和深入，以及随着社会事业的不断发展，专利权、著作权、非专利技术、土地使用权等无形资产，将会逐渐成为我国事业单位资产的一个重要组成部分。加强对无形资产的核算与管理，也将会逐渐成为我国事业单位资产管理的一个重要方面。

按照《事业单位会计准则》的定义，无形资产是指不具有实物形态而能为事业单位提供某种权利的资产，包括专利权、商标权、著作权、土地使用权、非专利技术、商誉等。这与《企业会计准则》关于无形资产的定义是相同的。

概括起来，无形资产一般具有以下特征：

无形资产没有实体。无形财产是一种无形的、没有独立的物质实体，不能占据任何空间，但是它必须以某种形式的物质载体来直接或间接地表达自己。其直接载体多为证书、图纸、资料等，例如专利证书、图纸等；间接载体是指与该无形资产有关的有形资产和其他无形资产，例如包含于该单位全部资产及其员工的工作。

无形资产属于专有的，可以为所有人带来持续的经济利益。无形的东西不可能变成有形的，它的先决条件是能使企业的生产、运营和服务更长时间地发挥其资产的功能。在继续使用过程中无法产生经济利益的，不属于无形资产。

无形资产未来的经济效益是非常不确定的。无形资产的潜在价值可以是巨大的，也可以是微不足道的，也就是说，有时候它可以给一个产品带来很高的增值，有时候它又会因为市场竞争和新技术的发展而快速地贬值。

无形资产必须有偿取得，即无形资产无论自创、外购取得，都必须花费一定的成本代价或投入资金。

无形资产可按不同的标准进行分类。

根据是否存在明确的法定保护形式，可以将其划分为有明确法律保护形式的无形资产和没有明确法律保护形式的无形资产。

根据取得无形资产的方法，可以将其划分为：原始取得的无形资产和继受取得的无形资产。原始取得的无形资产是指国家、事业单位、企业、个人通过研发获得的专利申请权、专利权等；继受取得的无形资产则是通过赠予、受让或继承，在国家层面上拥有相应行政权限的国有企业和个人。

根据其自身的性质和内容构成，可以将其划分为技术性无形资产和非技术性无形资产两类。如专利技术、专有技术等是技术性的无形资产；商标、商誉、许可权等都是非技术性的无形资产。

根据是否存在特定的法律期间，无形资产可以划分为有固定期间的和没有固定时间的。前者包括专利权、商标权、著作权；后者包括专有技术、商誉等。

根据无形资产可否确指区分，可以将其划分为可确指的无形资产和不可确指的无形资产。前者是指拥有专用名称的无形资产，如专利权、商标权、土地使用权等；后者是一种无法独立获得、转移，无法从所有者手中分离出来的无形资产。大部分的无形资产都是可确指的无形资产。

二、无形资产的取得

事业单位取得无形资产主要有两个方面：一是自行研制创造并按法律程序申请取得无形资产；二是从外单位购入取得无形资产。

在市场经济中，无形资产是一种具有价值的商品。事业单位在确认无形资产的价值时，其基本原则是：购买或通过法定途径获得的各类无形资产，按照其实际成本进行核算。由于无形资产的价值不确定性，通常仅在可以确认为无形资产所需的费用时，将其计入其账面价值。商誉只有在单位合并、接受投资和对外投资的情况下，才能将其作为成本入账。

（一）专利权

专利权是对产品的造型、配方、结构、制造工艺或程序等拥有的特殊权利。专利法赋予专利拥有者对发明的独家使用或某项发明的特别权利。专利权人所拥有的专利是由本国的法律来保护的。

专利是一种特殊的权利，它可以让所有者拥有自己的权利，但是它不能保证它的拥有者一定会获得金钱上的好处。一些专利没有任何经济价值，则会被其他更具经济价值的专利所淘汰。此类专利通常有以下特征：可以减少成本，改善产品的品质，或可以通过出售获得转移收益。

专利权作为无形资产入账，应分别按以下情况处理：

若专利为外部购买，其记账成本除购买价格外，还应包含有关部门所征收的相关费用。

如果是由于自己创造产生的专利费用，应当包含为发明专利所需的试验费用、申请专利注册费用、聘请律师费用等支出。然而，事业单位在发明专利时，并不能保证其成功，所以，为保险起见，可以将其成本计入相应的支出，当发明完成后，在申请专利时，将实际发生的费用资本化，计入无形资产。

(二)商标权

商标是识别某一产品或服务的标志。商标注册登记后，其合法权益受到保护，并可作为注册商标使用。商标权是一种在特定商品或者产品上使用特定图案名称的权利，属于知识产权里的工业产权。商标局批准注册的商标属于注册商标，而商标注册人则享有受法律保护的商标专用权。

商标权的基本内涵是：禁止权，是指拥有该商标的人在没有得到该商标的许可的情况下，不得将该商标用于同一商品或同类产品；使用权，是指商标拥有者拥有使用商标并取得其法定利益的权利；转让权，是指注册商标拥有者在法律上享有向别人转让其注册商标或将其赠与他人的权利；特许使用权，是指商标权人在使用商标的过程中，依法享有有偿或无偿使用其注册商标的权利。

商标的价值体现在产品的质量上，具有特殊的商标名称，从而赢得了广大消费者的信赖。创造一个有良好声誉的商标产品或商品，可以为单位带来很多客户，通常情况下，其售价要高于无商标或非著名商标的商品。驰名商标与一般商标的价格有较大差异。

事业单位设立自己的商标，并对其进行注册，其花费的成本能否将其资本化并不重要。给所有者带来利润的商标，往往是经过多年的广告推广，以及其他推广品牌的方法，还有顾客的信任而建立起来的。由于广告费用是多年多次发生的，通常不会被当作商标费用计入成本账目，而只在发生时计入当期费用。在此情形中，未将已登记的商标视为一项无形资产。

商标权在商标法中是可以转让的，但是，受让人必须保证其产品的质量。事业单位在购买其他单位的商标时，其一次性支出金额很大，可以将其资本化，计入无形资产。此时，应当按照购买的商标的价格、所支付的手续费和其他为商标权转让所产生的费用等进行核算。

(三)著作权

著作权是知识产权中最重要的一项内容，是人类智慧劳动的一种无形的成果，是指作家对其著述及创作的文字、艺术和科学作品，所享有的权利。

在我国著作权法中，著作权分为人身权和财产权：发表权，是确定作品是否公开的权利；署名权，是指标明作者的姓名，并在其作品上签名的权利；修改权，是指对他人进行修改或授权的权利；保护作品的完整性权，也就是防止其被歪曲、篡改的权利。使用权及获取报酬的权利，即复制权、表演权、发行权等，使用作品的权利。

事业单位自己创造拥有的著作权，一般可不实行成本管理，不作为无形资产入账；事业单位购买其他单位的著作权，可按购买取得著作权所发生的支出记账。

(四)非专利技术

非专利技术，也叫专有技术或技术秘密，是为大众所熟知，具有实用性，能为拥有者创造经济效益或竞争优势的技术资料及其他非专利技术成果，如工艺流程、配方、产品设计、特殊产品储存方法、质量管理经验等。

与商标和专利权不同，非专利技术本身并不属于法定权利，而是属于一种自然权利，非专利技术拥有者并不拥有这种技术的所有权，如果技术泄露出去，就无法以侵权法对其提起诉讼。在技术层面上，非专利技术主要是指某种技术手段、技术知识和实践经验，因而其总体特征是：

实用性：非专利技术要有其存在的价值，就必须能应用于实际生产。无法运用的技术不能被称作是"专利"，因此也就没有存在的必要。

新颖性：非专利技术所需的新奇性不同于专利技术。非专利技术并不一定要有独特的性能，但也不是谁都能轻易获得的。

价值性：非专利技术具有一定的价值，其价值体现在其能为企业带来经济效益的同时，还需要投入一定的人力、物力和财力进行研发。如果一种技术是一种竞争对手想要的，那么这种技术就是有价值的。价值并不是专利技术是否可以转移的依据。

保密性：经过长时间的研究，不愿意公开的方法、专长和经验，一旦公开，就会丧失其价值。保密性是非专利技术中最重要的一环。

动态性：即非专利技术是由各单位和技术人员在长期的实践中不断地积累形成和发展起来的。

事业单位所拥有的非专利技术，可以是自行研发，也可以是从国外购买。如果是自己研发的，有可能是成功的，也有可能是失败的。因此，研究产生的开发费用在会计核算上，可以直接计入相关支出，而不是以无形资产来计算。若从国外购入，把已发生的费用资本化，并将其计入无形资产。

（五）土地使用权

土地使用权是指某一单位在一定时期内，由政府批准的土地开发、利用和经营的权利。《中华人民共和国土地管理法》规定中华人民共和国实行的是土地的社会主义公有制，也就是全体人民和劳动群众共同拥有；按法律规定，可以将国有土地交给集体所有制单位或全民所有制单位使用，并按法律规定将国有土地和集体所有的土地划归个人使用；国家和集体土地的使用权，应当依照法律规定进行，任何单位和个人不得侵占、买卖或以其他方式进行土地的非法转让。

事业单位所取得的土地使用权，通常属于政府无偿划拨，这种土地使用权不计入无形资产。若以较高的价格获得的土地使用权，应将其资本化，并将其所发生的所有费用，计入该无形资产账户。按照《中华人民共和国城镇国有土地使用权出让和转让条例》，事业单位向政府土地管理部门申请土地使用权，并支付了土地出让金后，应当按照《中华人民共和国城镇国有土地使用权出让和转让条例》的规定，将其作为无形资产处理；事业单位原来从行政调拨取得的土地使用权，并未入账核算，在转让、出租、抵押或作价投资时，按照有关规定缴纳了土地出让金，同时也应当将补缴的土地出让金进行资本化，作为无形资产核算。

（六）商誉

商誉在财务核算中，伴随着单位产权的有偿转让而产生的。商誉，从会计学角度讲，是指单位的资产能力与其重置成本的差异,而商誉则是由于单位的信誉、人员素质、地理位置、售后账务、组织管理水平、技术水平等诸多因素的影响而决定的。由于上述因素,使得单位的盈利能力超出了一般盈利水平,因此,商誉是一种无形资产,是一种无法确指的无形资产,它没有独立的存在形式,只能依靠整个单位而存在,无法单独进行交易。

概括起来,商誉主要有以下几个方面的特点:

商誉与单位这个整体存在着密不可分的关系,因此,它无法独立地存在,也无法将其与单位其他可识别的资产相分离。

商誉依赖于单位的长期运营,尤其是单位的产品和服务质量,商号使用的范围,单位的组织结构是否合理,还与单位员工的质量优化程度、服务态度和合同的履行情况有关。

良好的商誉可以长久地保存,不受法律规定的期限所约束,只要单位坚持诚信、不断改进其产品质量、服务态度等,它的商誉才能继续保持。

对形成商誉有利的各个要素,不能用任何方法或公式分别计算,只能从总体上考虑其价值。

商誉的存在并非必然包含为其设立所需的各项费用,因此,在单位合并时,可以确认商誉的未来效益,与设立该商誉过程中产生的成本无关。

商誉可能来自自身,也可能来自外部。但只有从外部购入的,才能够入账。也就是在单位合并、收购其他单位时,可以对商誉进行会计处理。根据买方向卖方支付的全部价格和购买的全部资产的差额来计算商誉的价值。

第六章 事业单位收入、支出与负债

第一节 事业单位的收入

一、收入概述

(一)收入的概念及含义

收入是事业单位依法从事业务活动和其他活动而获得的非偿还性资金。这个概念的含义如下：

1. 事业单位的收入是开展业务及其他活动而取得的

事业单位一般不直接参与物质生产、交通运输、商品流通等方面的工作，而是以党和国家的政策为指导，为完成其特定的工作任务和事业发展目标而进行的各种业务活动。由于一般事业单位的业务活动是非生产性的，其开展业务活动的成本支出必须由财政部门补助，而主管部门或上级部门则要通过补助来弥补；事业单位在从事有偿服务、从事生产、经营等方面，还可以取得一定的经济利益，弥补业务活动的成本支出。

2. 事业单位的收入是依法取得的

事业单位在取得收入时，应遵守国家有关法律法规和规章制度。例如，财政补助收入，事业单位要按国家的相关法规，通过法定的审批手续才能获得。事业单位的收入，应当按规定的程序，经相关部门审批后，方可取得收入。

3. 事业单位的收入是通过多种形式、多种渠道取得的

在社会主义市场经济中，事业单位的收入来源和渠道呈现出多样化的发展态势，包括政府补助收入、上级补助收入、经营收入、事业收入、附属单位的上缴收入、投资收入、捐赠收入、利息收入等。

4. 事业单位的收入是非偿还性资金

事业单位所得的各种收入，无须归还，可以用于开展业务和其他活动。事业单位收回需要偿还的款项，应视为"负债"进行处理，而不能视为单位收入而处理。

(二)收入的分类

事业单位的收入实行分类管理和核算，对收入的分类可按不同的标准，为了便于对事业单位收入的会计核算，可按其取得的渠道和形式分为拨入款项、业务收入和附属单

位缴款，具体包括以下八项：

1. 财政补助收入

财政补助收入是指各事业单位按照核定的预算、资金的领拨关系，从财政部门获得的各类资金收入。

2. 上级补助收入

上级补助收入是指事业单位从主管部门和上级单位取得的非财政补助收入。

3. 事业收入

事业收入是指事业单位开展专业业务活动及辅助活动所取得的收入。

4. 经营收入

经营收入是指除专业业务和附属活动以外，从事非独立核算的经营活动所产生的收入。

5. 附属单位缴款

附属单位缴款是指以一定的标准或一定比例为基础，事业单位附属独立核算单位按有关规定所缴纳的各种收入。

6. 非同级财政拨款收入

非同级财政拨款收入是从非同级政府财政部门取得的经费拨款，包括从同级政府其他部门取得的横向转拨财政款、从上级或下级政府财政部门取得的经费拨款等，此类拨款集中体现在专款专用。

7. 其他收入

其他收入是指上述范围以外的投资收益、利息收入、捐赠收入等。

8. 基本建设拨款收入

基本建设拨款收入是指国家对事业单位进行固定资产新建和扩建所提供的资金。目前，国家对该项收入的管理和核算仍然纳入基本建设投资的会计核算，按有关规定办理执行，待条件成熟再纳入事业单位会计核算的内容。

（三）收入的确认

收入的确认一般包括收入性质的确认、收入时间的确认、收入数量的确认。

1. 收入性质的确认

从性质上讲，事业单位的收入是指按法律规定取得的非偿还性资金。

2. 收入时间的确认

一般情况下，事业单位的收入是按照现金收付制度确定的。如财政补助收入、上级补助收入、事业收入、附属单位缴款、其他收入等，在确认收入增加的同时，确认收入的实现。而对实行权责发生制的事业单位，在提供服务或发出商品后，实际上已完成取得收入所应当承担的其他工作。单位在收到价款或收取费用凭证时，应予以确认，长期项目的收入，则需按年度完工进度确定。

3. 收入数量的确认

事业单位所取得的收入为货币时，应按其实际收到的货币资金确定其收入价值；如果收入是实物，则按相关凭证予以确认价值；如果无凭证可证实，则以其市价为准。

(四)事业单位收入管理的要求

事业单位的收入是单位开展业务活动及其他活动所需的资金来源,是单位开展业务活动的先决条件,为此,每个事业单位都应重视对收入的管理。

1. 充分利用现有条件积极组织收入

在社会主义市场经济条件下,要实现各项事业的快速发展,不仅要依靠国家财政部门的大力扶持,而且要根据市场经济的客观要求,有条件的事业单位要充分利用人才、技术、设备等条件,根据市场的客观需要,拓展服务领域,开展各类经济活动,不断拓展财源,提高自身发展能力。

2. 正确处理社会效益与经济效益的关系

事业单位从事经营和其他活动的领域,以精神生产为主体。所以,事业单位要把社会效益作为第一要务,既要促进经济发展,丰富人民的物质文化生活,又要促进社会主义精神文明建设。而事业单位在组织收入的活动中,也必须遵循一般的市场经济规律,注重经济效益。因此,事业单位要做到经济效益和社会效益相结合,既能取得社会效益,又能取得更大的经济效益,又不能只追求经济效益而忽略社会效益。

3. 保证收入的合法性与合理性

在收入的管理上,要注重其合法性、合理性,使事业单位的组织收入按照正常的运行轨道箭线。法律的合法性,指的是依法办事。也就是说,所有的费用收入都要按照国家的规定范围,按照国家的法律法规,使用合法的票据。例如,对于各类事业性收费,国家制定了明确的收费政策和管理体系,要严格执行。收费项目和标准的制定和调整,要按规定的程序报国家相关部门,未经批准,不得擅自设立、随意收取费用。合理性,是指从我国国情出发,合理地使用它。

4. 收入管理工作中应当注意以下几个具体问题

对补助收入的申报、使用、核销要严格按照国家规定的科目、内容、程序进行,要按预算的级别和科目进行详细的申报、领拨、使用、核销。

对应当按照规定上缴预算内的收入,要及时上缴,应当上缴财政专户,不得直接列入事业单位收入进行处理。

对经营和服务性收入,要按规定交纳各种税费。

所有的收入范围都是国家统一制定的,每个部门都要严格遵守。为此,要明确基本建设投入和建设资金的界限;明确财政补助收入和上级补助收入的边界;明确事业收入与业务收入的界限;明确财政预算外收入与其他部门收入的界线;明确业务收入和下属单位上缴收入的界限。

二、拨入款项

(一)财政补助收入

1. 财政补助收入的内容

财政补助收入是指事业单位按照核定的预算和经费来源直接从财政部门获得的各种事业资金。它包含各级会计单位和需要划拨下属会计单位的正常资金和专用资金,不包含政府为机关提供的基建资金。在实际工作中,"正常资金"和"专项资金"只是一个相对的概念，对于一个事业单位来说，它的"正常"和"专项"的比例，往往取决于上级部门的管理方式，有些正常资金可能多一些，有些正常资金可能少一些。因为常规基金与专项基金的不同领域和内容存在着不确定性，所以，在某一部门中，可以将其划拨为一种专项资金，而在另一种情况下，可以将其视为一种正常资金。所以两者从概念上包括在财政补助收入内。但对拨入专款有指定的用途，需要专款专用，并需单独报账时，在会计上要与财政补助收入分开而单独核算。

2. 财政补助收入领报的原则

各事业单位按上级主管部门或财政部门核准的预算、资金领报关系，向同级财政部门申报财政补助收入。取得的财政补助收入应当按照预算内的资金使用，在没有经过上级财政部门同意的情况下，不得擅自变更。各部门在业务活动中，必须坚持勤俭节约、注重经费的合理利用。在申请经费时，应遵循下列原则：

一是分层次地领取财政拨款。各主管会计单位不得向无资金领拨关系的单位直接拨付，同一部门间不得存在横向调拨，必要时，由同级财政部门负责预算调拨。

二是按照计划分配资金。各事业单位应按年度预算编制"按季、分月用款计划"，并由财政部门和上级主管部门审核后，按规定编制《季度分月用款计划》。同时，要根据项目的进度、物料和经费的利用，把握好项目的进度，确保项目所需要的经费能够按时到位，避免出现资金的积压。

三是根据支出用途分配资金。对各部门的补助经费，要按预算的用途划拨。主管会计机构在申报本期财政补助时，应当按"款"和"项"填入"预支资金支配表"，并上报同级财务部门。事业单位在使用补助时，要严格按照预算的要求，严格控制经费的使用，不能擅自变更资金的用途。"款""项"的用途在变更时，须填写相关的账户流用申请表，并报请同级财政部门审批，并确保国家批准的项目完成。

3. 财政补助收入的核算

为对事业单位财政补助收入的取得、退回、转销进行会计核算和监管，各单位的主管会计单位、二级会计单位、基层会计单位应当设立"财政补助收入"科目。在取得财政补助的基础上，单位借入"银行存款"科目，贷记"财政补助收入"科目；在缴回补助时，应借入"财政补助收入"账户，并贷记于"银行存款"科目。一般情况下，"补助收入"账户的贷方余额是指政府补助的累计金额。年末结算时，应将"财政补助收入"科目的方项余额全部转至"财政拨款结余"科目，借记"财政补助收入"科目，贷记"财政拨款结余"科目。在年末结算后，"财务补助收入"账户没有余额，并且按照"国家收入预算科目"的款项下设立明细账。

（二）拨入专款

1. 拨入专款的内容

拨入专款是指各事业单位从财政部门、上级单位或其他单位调拨的专用款项。无须分别申报核销的专项资金，按财政补助收入处理。

2. 拨入专款的领报原则

专项资金的领报应当按照与政府补助收入基本一致的原则。但是，与一般的财政拨款不同，专项资金的使用仅限于特定的项目，所以，对拨入专款的使用必须遵守以下两个原则：

一是严格实行专款专用的原则。为保障事业单位的发展和国家综合平衡的需要，政府和有关部门都会拨出一定的专项资金，比如挖潜改造资金、科研项目经费、科技三项经费等。事业单位要利用这笔专项资金来完成指定的项目，不得将其转作他用。这就要求各事业单位按批准的计划或者通过指定的途径筹集专项资金，并按规定的用途使用，以保证事业单位的经营活动和经济效益。若已完工或被取消，则须根据所拨经费的有关规定，将剩余的款额或物料交回原来所拨的部门，或所列的修购、事业基金的一般基金，以备留用。

二是严格执行单独报账的原则。专项资金的拨入和使用，关系到国家宏观调控政策的落实，关系到事业单位的发展和使用的效益。为适应会计信息的利用，各单位应将专项经费分别申报。因此，必须将专项资金分开进行会计核算。专项资金的核算内容是：反映专项资金的拨入、使用、剩余的上缴和留用情况；监督各单位按规定使用专项资金，遵守财经纪律，提高资金使用的经济效益。

3. 拨入专款的核算

为全面核算和监管事业单位收到财政部门、上级单位和其他单位拨入、使用、上缴或保留的专项资金，单位应当设立"专款收入"明细科目。事业单位在收到划拨资金后，先借记"银行存款"科目，再贷记"专款收入"科目；在支付拨款时，应借记"专款支出"科目，贷记"银行存款"账户。一般情况下，"专款收入"科目的贷方余额是指已拨付的资金总额。年末结算时，对已完成的项目，应按照"专款支出"和"专款收入"科目进行对冲，借记"专款收入"科目，贷记"专款支出"科目，"专款收入"科目中的余额，按照拨款单位的规定处理。如有保留的修购资金，应借记"专款收入"科目，贷记"专项资金一次购置"科目。如果有规定的结余没有限制使用，则借记"专款收入"科目，贷记"事业资金科目"。"专款收入"科目要按照资金的来源、项目的具体情况分别编制明细账进行核算。

（三）上级补助收入

1. 上级补助收入的内容

上级补助收入是指事业单位从上级部门、主管部门获得的非财政补助所得。具体来说，上级补助收入是指事业单位所属主管部门或其上级部门从其所得以外的其他收入，例如，本单位的收入和下级部门的收入分配到事业单位的资金，这笔款项除了可以用来支付单位的业务开支外，还可以划拨给下属部门，补充他们的业务活动支出。

2. 上级补助收入的核算

为了对事业单位从主管部门、上级部门获得的非财政资金补助进行核算和监控，应当设立"上级补助收入"科目。事业单位从上级财政补助中取得的收入，借记"银行存款"科目，贷记"上级补助收入"科目。年末，将"上级补助收入"科目的余额全部转到"非财政拨款结余"科目，借记"上级补助收入"科目，贷记"非财政拨款结余"科目。年末结算时，"上级补助收入"科目没有余额。

三、业务收入

(一)事业收入

1. 事业收入的内容

事业收入是指在从事专门的业务核对和其他相关活动中所获得的收入。事业单位的专业业务活动,是指按照其自身的专业特性所进行的主要业务活动,亦称"主营业务"。例如文化事业单位的演出活动、教育事业单位的教学活动、科研事业单位的科研活动、卫生事业单位的卫生保健活动等。事业单位的辅助性活动是指直接服务于专业业务活动的行政管理活动、后勤服务活动和其他相关活动。通过经营以上业务活动的所得,按事业所得处理。

2. 事业收入的核算

为概括性地对事业单位从事专门的业务和辅助活动所产生的收入进行核算和监督,事业单位会计应当设立"事业收入"账户,并对其进行核算,以对其进行全面的监督。事业单位在收到或获得收入时,借记"应收账款"科目、"银行存款"科目,贷记"事业收入"科目;对于属于普通纳税人的事业单位,其所得的进项税额,从其实际收到的进项税额中扣除,贷记"事业收入"科目,并以其应缴的增值税销项税额,贷记"应缴税款"科目。在财政部门批准后,按照一定比例将预算外资金划拨至财政专户的单位,在收到收入时,应当分别贷记"财政专用账户"科目、"事业收入"科目。

实行预算外资金结余到上缴账户的事业单位,在取得平时收入时,首先,从"事业收入"科目中全部列支,在定期结算出应缴财政专户的资金结余后,从财政账户中扣除,借记"事业收入"科目,贷记"应缴财政专户款"科目。

期末,"事业收入"科目的余额转入"非财政拨款结余"科目的余额,借记"事业收入"账户,贷记"非财政拨款结余"科目上。"事业收入"科目结转后,应当没有余额。按照事业单位的收入类型和来源,设立明细账进行核算。

(二)经营收入

1. 经营收入的内容

经营收入是指除其他专业业务和附属活动以外,从事非独立核算的经营活动而获得的收益。必须指出,在我国事业单位的结余活动中,应该尽量做到独立核算,实行企业的财务会计制度。一些业务规模不大、不方便、不能单独进行的,则重新计入经营收入进行核算。一般情况下,一个事业单位的经营收入,应当具有下列两项:

经营收入指的是企业的经营活动所产生的收益,而非专门的业务活动和附属活动。例如,事业单位在社会上从事服务,单位的车队在国外的运输业务中所获得的收益,都是企业的经营所得,但是,如学校所收的学费、杂费等,属于专业业务活动及其附属活动所得,则不能视为经营收入。

经营收入是指事业单位在进行非独立核算的业务活动中所产生的收益,而非独立核算的业务活动所产生的收益。单位独立、完整地进行自己的经济活动和结果的核算,称为独立核算。例如,校办企业应分别设立财会机构和财会人员,分别设立账目,分别核算损益,才是一个独立的业务。校办企业将其纯利中的一部分上缴给学校,由学校收取时,应视为投资所得,不得视为经营所得。单位向上级部门收取一定数额的物资、款项,从事业务活动时,不单独核算损益,将日常业务所需的财务数据上报上级部门进行集中核算,称为"非独立核算"。例如,学校车辆、食堂等后勤部门,在财政上是不进行独立核算的,它的社会服务所得和支出,都由学校进行统一的会计核算,这些收入和支出,应该作为经营收入和经营支出处理。

事业单位的事业收入和经营收入,有很大的不同,可以说是一目了然的。对少数事业收入与经营收入的性质、内容存在交叉,并难以精确区分,这些存在交叉的性质和内容则由有关部门依据具体情况作出认定。

2. 经营收入的核算

为对事业单位在专业业务以外从事非独立核算的经营活动,进行总括核算和监督,事业单位应当设立"经营收入"科目。

事业单位在取得或确认经营收入时,视不同情况借记"银行存款""应收账款""应收票据"等科目,贷记"经营收入"科目;属于一般纳税人的事业单位,按实际收到价款借记"银行存款"等科目,以不含税价格贷记"经营收入"科目,并以已计算的增值税销项税额,贷记"应交税"。属于小规模纳税人的事业单位,按实际收到价款借记"银行存款"等科目,从实际取得的价款中扣除的增值税额,贷记"经营收入"科目,并计算出其应缴的增值税额,贷记"应交税金——应交增值税"科目。

事业单位的销货退回,无论该年度销售与否,均可冲减当期经营收入,属于一般纳税人的事业单位,按不含税价格借记"经营收入"科目,销售时所计算的增值税销项税额,借记"应交税金——应交增值税"科目,贷记"银行存款"账户。属于小规模纳税人的事业单位,在"经营收入"科目上借记不含税,按照销售时的增值税额,借记"应交税金——应交增值税"科目,贷记"银行存款"科目。事业单位为取得经营收入所产生的折让或折价,应从经营收入中扣除。期末,"经营收入"科目中的余额应当转至"经营结余"科目,"经营收入"科目无余额。事业单位可以按照不同的收入类型,设立不同的明细科目,也可以同时设立多个不同的总账科目。

(三)其他收入

1. 其他收入的内容

其他收入包括事业单位拨款、附属单位缴款、事业收入、营业收入;例如对外投资所得(含控股子公司的出资和控股、非控股单位的投资所得、债券利息)、固定资产出租、向单位捐赠非限制用途的财产、利息收入、违约金、应付款项、其他零星杂项收入等。

2. 其他收入的核算

为全面核算、监督事业单位其他收入的取得、转移等,单位会计必须设立"其他收入"科目。事业单位的其他收入是按单位实际收到的金额来确定的。在取得收益时,借记"银行存款"科目,贷记"其他收入"科目,返还时,借记"其他收入"科目,贷记"银行存款"科目。年终时,"其他收入"科目的贷方余额全部转到"事业结余"科目、借记"其他收入"科目、"事业结余"科目。"其他收入"科目在结转后应当没有余额,并且"其他收入"科目应当按照不同的收入类别来分类。

第二节　事业单位的支出

一、支出概述

(一)支出的概念

长期以来,事业单位的支出同收入一样,也被人为地分成了两部分,一部分是作为预算内的开支,包括作为预算管理的支出,另一部分是作为预算外的支出。这就导致了各部门的收支不能进行统一的管理,导致财政收支活动经常出现从预算外转入预算内、用预算外挤占预算的现象,导致了大量的资金外流。事业单位的财务会计制度改革取消了预算内外的划分,将事业单位的各项支出纳入单位预算统一管理,只是对用指定用途的资金安排的支出分账核算,单独反映。

事业单位的支出,是指在开展业务活动中,因业务活动而产生的各种费用和损耗,以及为投资而产生的各种费用。这些资金的消耗和损失将由国家的拨款和非财政补助收入来弥补。当然,事业单位的经费自给率不同,有些须全部由政府拨款弥补,有些部分由政府拨款弥补,部分由非财政补助收入补偿,也有一些生产经营型的事业单位则完全要由自身组织的事业收入和经营收入补偿。

(二)支出的分类

事业单位支出涉及的领域很广,项目也很多,要对其规模、特征进行研究,找出它们之间的差异与关联,并有针对性地加强经费的管理与监管,不断提高资金的使用效率,就必须对其进行科学的分类。

1. 按资金的使用性质划分

事业单位支出,按资金的使用性质进行分类,可以划分为:

事业支出:事业支出是指事业单位在从事专门业务和其他相关活动时所产生的费用支出。其中包括人事经费支出,如工资、补助工资、福利费、社会保障费、助学金等。

公用经费支出:公用经费支出是指单位在执行工作计划时,用于公务费、业务费、设备购置、修理费及其他开支费用。

经营支出:经营支出是指除专业业务和附属活动以外,从事非独立核算的经营活动所产生的费用支出。

上缴上级支出:上缴上级支出是指事业单位按一定数额或一定比例上缴上级单位的支出。

对附属单位补助:对附属单位补助是指除财政补助以外的其他收入对附属单位的补助所产生的费用支出。

应当注意,对于特定用途的专项资金,也要在特定的会计和管理中分别体现。《事业单位会计制度》明确，指定用途且需要单独的专款支出，须按"拨出专款"和"专款支出"分别核算。

新制度对支出的上述分类调整，具有以下意义：

新的支出分类，使得各部门支出的划分更为规范化、统一化，有利于对各部门的收支状况进行客观的反映与分析；

新的支出分类，使得各部门的支出不能按预算和预算分开管理，而应根据资金使用的性质来进行分类管理，便于统一核算和管理；

新的支出分类是根据单位资金使用的属性来划分的，有利于明确和准确地反映、研究和分析各种费用，从而更好地强化支出管理；

新的支出分类清晰，易于会计核算和分类，所提供的数据可以满足不同单位和上级单位、财政、税务、审计人员的需求。

2. 按支出的对象分类

根据支出的对象，可把事业单位的支出分为本单位支出和拨出资金。

本单位支出：本单位支出是指单位经营所需支出，包括事业支出、经营支出、专款支出等。

拨出资金：拨出资金是指事业单位按预算、协议或有关规定拨给下级单位和有关单位的经费，其中包括拨出经费、拨出专款、上缴上级支出、对附属单位的补助等。

（三）支出的管理

事业单位支出与事业规划的顺利实施有关，具有很强的政策性，不仅影响到单位、个人的利益，也影响着国家的利益。所以，事业单位要按照相关政策和财政制度的有关规定，在"勤俭办事业""少花钱、多办事、多办好事"方针的指导下，实行财政支出的管理。

针对支出管理的要求，主要有以下几个方面：

1. 对用政府拨款安排的支出严格实行预算管理

凡以政府拨款方式进行的开支，均须按已批准的预算内和计划中所列的项目进行，不得进行没有预算（计划）的开支，在预算内各"款"与"项"之间调整时，应填写"科目流用申请书"，报同级财政部门审批，方可使用。

2. 统筹安排，正确处理支出中的各种比例关系

事业单位的开支，包括事业和经营两方面的支出，包括人员支出和公共支出，既有维持支出，又有发展支出。事业单位要按照财政补助收入、上级补助收入、事业收入和其他收入的比例关系，正确处理好单位与其所属单位、业务活动与生产经营活动之间、当前和长远的各项费用支出的比例关系，为预算（计划）的实现和事业发展提供良好的经济环境。

3. 注意划清几个支出界限

明确基本建设和公共服务的分界线，凡符合基本建设指标的支出，由规划部门按基本建设资金进行分配，不能挪用。

明确单位和个人开支的界限，个人支出不能由单位承担。

明确事业单位开支和业务开支的界限，应列为事业单位支出的不能纳入经营支出。应计入经营支出的亦不能纳入事业单位支出。

明确对下属单位的补助和上缴的范围。对下属单位的补助和上缴的支出，是系统内部调整的，这些费用最后都会反映到系统的其他部门，而不能作为单位的事业支出，以免虚增支出。

二、事业支出

(一)事业支出及其分类

事业支出是指事业单位从事各类专业业务活动和其他相关活动所产生的费用支出。

事业支出按其内容分类，可以划分为：

1. 基本工资

基本工资是事业单位职工工资的重要组成部分，包括基本工资、职务工资、工龄工资、国家规定的生活补助等。

2. 补助工资

这是对薪水的一种扩展和补充。它是指因工作性质、工作地区、民族习俗等不同原因而给予的津贴；因价格因素、超额劳动等因素而支付的津贴、奖金和临时员工的劳动报酬。

3. 其他工资

其他工资是指基本工资、补助工资以外的属于工资性质的支出。

4. 职工福利费

职工福利费是指为职工提供福利，为职工及其家属的生老病死而支出的费用，其中包括工会经费、职工福利费、计划生育保健费、公费医疗费、未参加公费医疗的职工医疗费、因公负伤住院治疗或住院疗养时的伙食补助费、病假两个月以上的职工的工资等。

5. 社会保障费

社会保障费是指按国家规定用于职工医疗、养老、待业、住房等方面的开支。

6. 助学金

助学金是指各级学校为家庭贫困学生提供的生活补助，以及优秀学生的奖学金，包括各种学校的助学金、奖学金（包括普通高中的学生奖学金、职业学生的定向奖学金等）、研究生生活补助费、出国学生生活费、青少年体校学生的伙食补助费、生活补贴等。

7. 公务费

公务费是指事业单位日常行政开支，包括办公费、邮电费、水电费、公用取暖费、员工差旅费、调干旅费、调干家属旅费补助、驻外机构人员回国旅费、器具设备车船保养修理费、机动车船用油和燃料费、会议费等。

8. 业务费

业务费是指为从事某一职业而需要的消耗性支出和购买的低值易耗品，其中包括用于预防和治疗的医疗卫生材料费、仪器和低值易耗品、各级各类学校开支的教学实验费、业务资料印刷费、化学试剂费、各种材料费、教材编审费、科学考察研究费、资料讲义费、招生经费、毕业生调遣费、生产实习费，及外事部门和其他机构的临时工制装费、差旅费、国外生活费、外宾差旅费、招待费等。

9. 设备购置费

设备购置费是指事业单位购置的各类设备，未达到基建投资限额，包含办公设备购置费、车辆购置费、车辆购置附加费、专业设备购置费等。

10. 修缮费

修缮费指事业单位的公用房屋、建筑物及附属设备的修缮费。

11. 其他费用

其他费用指不列入上述内容的有关费用，如职工教育经费、发给个人的抚恤费等。

(二)事业支出的核算

事业单位应设置"事业支出"，用于核算从事专门业务活动和其他相关活动的实际支出，并按照国家预算"目"项下的项目，也就是上面提到的各项事业支出，分别编制明细账户，进行详细核算。

1. 事业支出的报销口径

事业单位支出采用现金收付制作为会计核算依据，其具体费用的报销口径如下：

对个人发放的工资、津贴、抚恤金等，根据按实际人数和实际发放的数额，按本人签字的凭证列示支出；

采购的办公设备可以直接列示，采购的各类其他物料可以在使用时列示支出；

社会保障费、职工福利费、工会组织职工工资等，按月从职工实际人数列示支出；

购置的固定资产，在确认后列报费用支出；

其他费用，按实际报销金额列示支出。

2. 事业支出的账务处理

事业单位根据从事专业经营活动和其他辅助活动所发生的资金、物资消耗等不同情况，即事业支出，在取得了法定的原始凭证后，按规定的报销口径，借入"事业支出"科目，贷记"银行存款""现金""存货"等科目；固定资产购置时，应当借记"固定资产"科目，贷记"固定基金"科目；对于已发生的"预付账款"和"其他应收款"，属于预先借款的，应当借记"事业支出"科目，借记"预付账款"科目和"其他应收款"科目；属于职工福利费用核算范围内的，应当借记"事业支出"科目，贷记"其他应付款"科目。

发生年度支出的，应当冲减事业支出，如果在发放工资时，扣除住在本单位的职工的房租、水电费，应当借记"事业支出——基本工资"科目，贷记"事业支出"相关"目"项的明细账户，如果从仓库中提取已报销的事业专用物资，每月结算时，应借记"材料"账户，贷记"事业支出"相关"目"项的明细账户。

执行内部费用核算的事业单位，在结转已销业务成果、产品成本时，应在"事业支出"科目中借记，贷记"产成品"科目等。

具有业务性质的事业单位应当合理地区分其事业支出与经营支出的界限。对可以区分的支出，要进行合理的分类，无法区分的，要按照一定的标准进行分配。

3. 事业支出的审计

事业支出审计的目标，主要是确定事业单位有关事业支出的内部控制是否健全、有效，审查事业支出的合规性和合理性，确定事业支出的正确截止，以及事业支出核算的合规性和正确性。

三、专款支出

(一)专款支出及其特点

专款支出是指由财政部门、上级单位和其他单位划拨的具体项目或用途,需要分别申报的专项资金。根据以上定义,事业单位专款支出的使用有下列特征:

一是这些资金来自财政、上级和其他单位,一般不属于公用事业拨款;二是为特定的目的而使用;三是要分开核算并向原来的调入单位申报账目。

(二)专款支出的核算

要对专款专用账户进行核算,事业单位必须设立"专款支出"明细科目,按照专款专用账户和资金来源分别设立二级科目,以进行明细核算。同时,事业单位为了方便控制支出和进行分析,还应当采用多栏式账页,对已划拨的支出项目进行详细的核算。在单位按照上级规定的项目或用途开支时,借记"专款支出"科目,贷记"存货"等科目;在项目完成后单独向上级单位申报时,按其实际累计费用,借记"专款收入"科目,贷记"专款支出"科目。

(三)专款支出的审计

专款支出的审计目标,主要是了解并确定事业单位有关专款支出的内部控制是否存在、有效且一贯遵守,审查专款支出的合规性、真实性和有效性,以及审查专款支出核算的合规性和正确性。

1. 内部控制制度的测评

有关专款支出的内部控制,与事业支出的内部控制大致相同。值得指出的是,由于专款支出的数额一般较大,作为其内控制度的内容,还包括对支出项目进行可行性研究论证,编制定项目支出预算,并严格按预算执行,同时要严格区分专款支出各项目之间以及与其他支出之间的界限。

对其内部控制制度进行测评,应调查了解其内部控制系统,审阅有关文件、资料,抽验有关业务,审查其内部控制的有效性,进而对其进行评价。

2. 实质性审查

对专项经费的真实性进行审查,对所列款项中的各项开支的真实性进行审查,对所列款项的虚列支出和转移情况进行审查;

审查专项经费支出的合法性,审查各项支出,核查相关原始凭证,检查资金使用是否严格,是否有扩大支出的幅度和标准;

审查已完成的工程决算是否真实、合理,是否存在高套定额、虚列决算、损失浪费等问题;

审查专项基金余额的处置是否得到核准,并遵守相关法规;

审查评估项目的完成情况,满足计划和期望的任务目标。

四、经营支出

(一)经营支出及其特点

经营支出是指除专业业务活动和附属活动以外,从事非独立核算的经营活动所产生的费用支出。

根据以上的定义，经营支出有下列特征：

第一，经营支出是指与事业支出相区别的一种支出，它是指在专业业务和附属活动以外进行的非独立核算经营活动支出。

第二，经营支出是指在经营活动中不能独立核算而产生的费用支出。

事业单位在经营活动中，应当准确地反映出各种成本的真实情况，对不能进行直接核算的，应当按照一定的比例进行合理分配。经营支出要与经营收入相匹配。在单位经营中直接消耗的材料、工资等费用，应直接列入成本。事业单位统一支付的各种费用，要按照一定比例合理分配，列入经营支出，冲减事业支出。单位在经营活动中使用的固定资产，如房屋、设备等，按公司的折旧法提取修购资金，并将其提取的修购资金与其他途径的修购资金结合起来，用于维护和购置事业单位固定资产。

(二)经营支出的核算

事业单位应当设立"经营支出"，用于核算除从事专业业务和附属活动以外的其他非独立核算的经营活动所产生的费用，并按内部成本核算的单位销售商品的实际成本进行核算。

一般情况下，经营支出包括事业单位的基本工资、补助工资、其他工资、福利费、社会保障费、助学金、公务费、业务费、设备购置费、修理费及其他开支。对经营范围较大的事业单位，按照其主要业务类型划分二级明细进行核算。

事业单位的各种经营支出，借记"经营支出"科目，贷记"银行存款"和"存货"等相关科目。

在执行内部成本会计制度下，事业单位在结转销售的劳务成果或产品时，应以成本价借记"经营支出"科目，贷记"产成品"科目。

期末，将本科目余额全部转到"经营结余"所用，借记"经营结余"科目，贷记"经营支出"科目。

(三)经营支出的审计

经营支出审计的目标，主要是确定事业单位经营支出的内部控制是否健全、有效，审查经营支出的合规性和有效性，以及经营支出核算的真实性和正确性。

1. 内部控制制度的测评

内部控制制度的测评主要了解考核事业单位所有非独立核算经营活动是否都纳入了经营支出的管理和核算，是否建立了经营支出的管理制度，是否建立健全了存货的购销、盘点制度，各种消耗的定额管理制度，以及经营成果的考核制度等。审计人员应审阅有关资料，抽查有关业务，再在此基础上对其内部控制制度进行评价，并据以确定实质性审查的范围和重点。

2. 实质性审查

一是审查经营活动的合法性。审查是否存在滥用国有事业权力，违规从事商业活动等问题，如新闻单位搞变相有偿新闻，或以宣传等名义强要企业产品，出版单位变相买卖书号，医疗卫生单位违反规定强行推销医疗产品等。

二是审查经营支出的真实性。审查是否区分了营业支出与事业支出、专款支出之间的界限,是否存在将业务支出挤入事业支出、专款支出,以及审查有无将单位福利性支出列入经营支出的问题。

三是审查经营支出核算的正确性。审查经营支出与经营收入是否配比;审查事业单位所有非独立核算经营活动支出是否都纳入经营支出核算;是否按新会计制度的规定,对经营支出进行明细核算。

四是审查经营支出的有效性。审查经营支出是否做到精打细算,讲求经济效益。

五、拨出资金

(一)拨出资金的种类和原则

事业单位拨出资金分为四大类:一是拨出经费,是指按照核定预算,从上级主管部门或财政部门支取的预算内拨款资金;二是划拨专项经费,即按照经费的领报关系,从主管部门、上级单位或其他单位调拨或使用单位自己的资金,拨给被划拨到单位指定的项目和用途,并需要分别结算的资金;三是上缴上级支出,也就是按一定的数额或一定的比例向上级单位缴纳的资金;四是对下属单位的补助,也就是事业单位利用单位的财政拨款,对下属单位进行标准补助。

事业单位向所属单位或其他有关单位拨出资金,应当坚持以下原则:

1. 按计划拨付资金

首先必须根据财政部门或上级主管部门对本单位预算的核批情况和拨款情况核拨资金;其次应按批准的被拨款单位的年度预算和季度用款计划,结合月份的实际情况核拨资金。不得办理无预算和超预算拨款,如果财政部门或上级单位对本单位的预算拨款尚未到位,也只能根据可能情况预拨一部分必需经费。在预算执行过程中,季度用款计划如略有超过,或季度内月份之间有所变动,在不影响年度预算执行的前提下可以办理拨款,但不得因此造成寅吃卯粮,影响全年预算的执行。

2. 按进度拨款

按进度拨款,即按照事业进度、实际需要和资金使用情况拨款,做到既保证事业的顺利开展,又不积压资金。正常的人头经费,一般可以均衡拨付;修缮和购建经费,应在计划落实、材料落实和办妥有关手续(如专控商品需要办理的审批手续)以后拨付;大型会议应在会议计划批准后拨付;业务经费应按业务开展情况拨付,等等。同时,要顾及上月存款余额和银行支取未报数的大小酌情增减。

3. 按用途拨款

按用途拨款,即坚持按规定的用途拨款,做到专款专用,不得随意改变资金用途。不能以请领专项经费为名,实际扩大正常开支,造成专项经费不足,影响事业计划的正常执行。

4. 按预算级次拨款

各类资金应当按预算单位级次分批拨付,不能直接拨给无经费领拨关系的单位垂直拨款;如果隶属关系发生变化,应当在划拨预算关系的基础上,办理划拨手续,并结清经费账目。

事业单位对有关单位的拨款一律通过银行办理,一般采用转账支票结算、委托付款结算、汇兑结算等方式，不得用现金结算方式划转预算资金，以保安全。

（二）拨出经费的核算

要加强对拨付资金的管理与有效利用，就必须严格地进行划拨资金的核算处理，并对划拨资金的使用进行监督和检查。

事业单位应当设立"拨出经费"科目，用于按照核定的预算拨款。事业单位在拨付资金时，应从"拨出经费"科目中借记，贷记"银行存款"科目，在提取拨款时，按相反的方法进行核算。一般情况下，"拨出经费"科目中的贷方余额是指向所属单位发放的资金总额。年末，"拨出经费"的借方余额全部转到"事业结余"科目，借记"事业结余"科目，贷记"拨出经费"科目。

对附属单位的非财政性补助和专项拨款，不按"拨出经费"科目进行核算。

（三）拨出专款的核算

事业单位要加强对拨出专款的管理。它的要求包括：

一是专款要按规定的用途使用，确保专款专用，不能挪用；二是各所属单位按实际支出数列报专项资金支出，不能用拨款代替报销，事业单位也不能用拨款来体现专款支出的真实状况，并加强对专项资金的管理；三是要正确进行核算，按原拨款单位的规定，及时办理相关结报。项目完成后，由各事业单位承担清理、回收、或按照原来分配的有关规定执行。

事业单位拨付给下属单位的专项资金，主要有两条途径：一是从财政部门或上级单位、有关单位拨出，事业单位进行分配和划拨；二是事业单位使用自己的资金进行分配。不管是哪一种资金，都必须按照特定的用法来使用，并分别结算。

事业单位应当在"拨出专款"科目中划拨专项资金。本科目借记专项资金的划拨数量，贷记已核销或已收回的余额。借方余额反映了用于拨付的专项资金的累计额。

事业单位在拨付专款时，应借记"拨出专款"科目，贷记"银行存款"科目。如果要收回，则记入与之相反的科目。

所属单位项目完工后报销专款支出时，应区别情况处理：

由上级划拨的专项资金，应借记"拨入专款"科目，贷记"拨出专款"科目；

属于本单位使用其自有资金为其所属单位提供专项拨款时，应借记相关科目，并贷记"拨出专款"科目。

（四）上缴上级支出的核算

对于少数非财政补助收入超过其支出的部分，事业单位可以采取"收入上缴"方式。即，对能够以事业收入和经营收入弥补其日常开支并有盈余的事业单位，由财政部门或其上级单位根据其收支情况，按照规定的标准或比例核定其上缴支出。事业单位上缴上级经费是指上级部门为调动财政收入，调动系统内的资源，在更大范围内推动事业发展的一种方式。

事业单位应当设立"上缴上级支出"科目，按照一定的标准和比例向上级支付。在上交时，应借记"上缴上级支出"科目，贷记"银行存款"科目。年末，该账户的借项余额全部转到"事业结余"科目，借记"事业结余"科目，贷记"上缴上级支出"科目。在结账后，

"上缴上级支出"科目没有余额。

(五)对附属单位补助的核算

事业单位的附属单位可能由于其所在地区的自然和社会经济条件或所从事的事业范围的不同,以及一些不可预见因素的影响,造成经费自给水平的不同。这些因素,事业单位及其主管部门应在预算中予以考虑,但是国家预算资金毕竟还是有限的,事业单位还应该在本系统单位内部挖掘潜力,动员内部资源,对经费比较困难的下属单位进行补助,以帮助其改善事业条件,拓展业务范围,努力增加业务收入和生产经营收入,最终促进事业的发展。

对附属单位补助是指事业单位用非预算资金拨给附属单位的非偿还性资金。其来源渠道有两个,一是附属单位的缴款,即附属单位按规定上缴事业单位的款项,如所属事业单位的业务收入分成、所属企业上缴的利润等;二是事业单位本身的自有资金。这里"非预算资金"是指不是财政部门或上级主管部门拨入的资金。对事业单位来说,用非预算资金对附属单位进行补助并不是不列入本单位和附属单位的预算,对此应注意加以区别。

事业单位应当设立"对附属单位补助"科目,并按照其附属单位的名称设立明细账。这一科目借记单位发放的津贴,贷记注册补助金的回收和核销,这一科目年底应当没有余额。分配给附属单位时,借记"对附属单位补助"科目,贷记"银行存款"科目。当补助款项被收回时,计入与之相反的科目。年终结账时,该科目的借方余额全部转到"事业结余"科目,借记"事业结余"科目,贷记"对附属单位补助"科目。

(六)拨出资金的审计

对拨出资金即拨出经费、拨出专款、上缴上级支出和对所属单位补助审计的目标,主要是确定事业单位有关拨款业务的内部控制是否存在、有效且一贯遵守,审查拨款的真实性、合规性,以及审查会计核算的合规性和正确性。

1. 内部控制制度的测评

新制度实行以后,事业单位的各项收支统一纳入预算管理。事业单位对拨出资金的内部控制,主要是科学合理地制定预算,并严格依照执行,按规定程序办理。

对其内部控制制度进行测评,审计人员应查阅有关文件、资料,询问有关人员,并抽验有关业务,审核其内部控制是否建立健全且有效执行。

2. 实质性审查

(1)拨出经费的审查

拨出经费审计是事业单位支出审计的重要部分。由于它的业务量不是很多,因而通常采用全面审计的方法,审计的内容主要有:

审查是否按计划和事业进度拨款。各事业单位对本单位的拨款,要按核定的年度预算和季度、月份的用款计划执行。在审查过程中,要注意是否存在未按计划或超支的资金,是否能保障所属单位正常运转的资金需求,避免资金积压,确保资金合理调配,存在应拨未拨、人为滞留资金等问题。

审查是否按照预算单位的级别或财政隶属关系拨款,对于横向交叉、纵向和非财政隶属关系的单位,应当着重检查是否存在违规行为。

审查是否有使用拨款权力为单位和个人牟取利益,例如单位是否侵占了下属单位的财产和物资,以及在下属单位的一些不合理的支出。

审查拨出经费的账务处理,有无将转拨补助性资金计入拨出经费的问题等。

(2)拨出专款的审查

审查各部门是否按照上级要求使用拨付的资金,是否存在挪用、挪用等问题。一些单位接受政府部门的委托,对其是否存在截留或以手续费、管理费名义克扣项目资金的问题,以及是否存在以应拨专项资金抵减其他债务的问题。

审查各单位和附属单位是否分别进行单位核算,并对其进行专项结报,对资金的使用情况进行检查。

审查单位的管理是否符合规定。有没有相关的管理体系,有没有定期的检查,机关是否存在对国家划拨的专项经费仅仅是在转拨,与本单位没有直接的利益联系,也没有明确的职责目标,缺少适当的监督和检查。项目完成后,能否按时检查验收,是否严格审查每笔开支的合法性。

必要时,可以对使用单位的拨款情况进行审查,并对使用单位的使用情况进行审查,其是否挪用,资金使用是否有效,项目是否按计划完成,有无损失浪费问题。

(3)上缴上级支出的审查

上缴上级支出的审查,一是审查是否按照规定的标准、比例、预算执行情况,上级单位是否利用管理权多收、平调,事业单位是否按规定上缴,有无应缴未缴或拖欠的问题;二是对上缴上级支出的账目进行审查。

(4)对附属单位补助的审查。

审查会计核算是否正确,是否属于非预算内的资金,预算资金补助是否包括在"对附属单位的补助"科目中。

审查补助的合理性,审查被补助的附属单位是否为人为原因造成的经费缺口或者被补助的事项是否合理开支。

在需要的时候,可以对接受补助的单位进行抽样检查,检查其所属单位是否已按规定发放,有没有向"小金库"转移;是否有单位以补助的名义转移其不合理支出,并以"对附属单位补助"的名义发放补助。

第三节 事业单位的负债

一、负债概述

在会计上,负债是一种可以用金钱来衡量的债务,它必须用资产或者服务来偿还。在这次的财政体制改革之前,我国的财政体制并没有采用负债这一概念,也没有专门的负债管理。然而,作为一种经济现象,债务却始终存在于企业的财政活动中,如应付票据、应付账款等。在社会主义市场经济中,借入他人资金是企业发展事业的一种途径,因此,企业的债务问题必然会出现。《事业单位财务规则》中对债务的管理进行了具体的规定，这将有利于规范和强化事业单位的客观债务管理。负债是事业单位所承担的能以货币计量，需要以资产或劳务偿还的债务。

作为负债，一般具有以下几个特点：

负债是指当前的、因以往的经济活动而造成的财务负担；使将来的业务活动所产生的负债，不是会计所指的负债。如果事业单位采购了材料，但在材料获得的时候没有付款（没有使用预付款），那么，就会出现一笔应付账款，也就是一种负债。如果买方和卖方签署了一份采购合同，合同约定在合同签订后两个月之内交付。在签订合同时，对买方而言，合同中所列的条款仅表示将来有可能出现的债务，而在一般情况下，这类情况不会被用作负债反映。

负债可以用金钱来衡量，并具有一定的可预期的数额。如果借入一笔钱，借入者对借入的债务负有偿还债务和利息的责任，借入款有准确的借款数额，通常也可以计算出利息。一些负债，尽管没有明确的数额，但是可以进行估算的。

负债通常都有明确的债权人和到期日期。如果购买了一种设备，开具一张三个月的银行承兑汇票，该债务确定时，债权人和支付期限都很清楚。

负债大多是由交易产生的，这些交易往往有合同、契约、协议、法律的制约。在法律的制约下，债务可以被视为法定债务，也就是法律规定的债务。

负债只有在债权人放弃了债权或它的财务状况改变之后才会消失。

上面是有关负债的基本含义。《事业单位会计准则》将事业单位的债务分为借入款项、应付账款、应付票据、预收账款、其他应付款、各种应付款项等；所有的负债都要按照发生的数量进行记录；如果负债已发生，但其金额需预计确定的，则须合理估计，并在确定其实际金额后予以调整；各类应付款项和应缴款项必须及时清理，并按照有关规定进行结算，不能长期拖欠。

二、借入款项

（一）借入款项及其核算

借入款项是指事业单位向财政部门、上级单位、金融机构和其他单位借入有偿使用的各种款项。

在社会主义市场经济条件下，事业单位借入资金是由多渠道筹集资金发展事业的方式之一。事业单位为了维持事业业务的正常进行以及为了促进事业的发展，除了向银行和其他金融机构筹措资金外，还可以向财政部门、业务主管部门和其他单位借入资金。在我国，国家财政信用资金即财政周转金，是事业单位筹措资金发展事业的一个很重要的资金来源，事业单位可以向财政部门或通过业务主管部门借入财政周转金。

任何事业单位借入的款项，不管是用在什么地方，都是一种负债。偿还借款，除偿还借款本金以外，还应根据所借资金的时间价值偿还利息。事业单位借入财政周转金，除了归还借入的本金外，也要支付占用费。

事业单位借入款项及其利息的核算，分别按以下情况处理：

1. 借入款项

事业单位借入款项时，借记"银行存款"科目，贷记"借入款项"科目。"借入款项"科目应当按照负债的单位设立明细账，并进行核算。

因借入而产生的利息和外币折算差额，不得计入"借入款项"科目，事业单位"借入款项"科目的贷方余额反映了未偿还的借款余额。

2. 归还本金

事业单位归还本金时，借记"借入款项"科目，贷记"银行存款"等科目。

3. 支付借款利息

事业单位应当以借入资金的用途为基础，计算借款的利息，借记"事业支出""经营支出"科目，贷记"银行存款"科目。

事业单位借入款所发生的利息支出以及外币折合差额，属于购建固定资产的，应区别情况处理。

事业单位发生的借款利息及外币折合差额，属于工程尚未办理竣工决算之前发生的，计入固定资产价值。

因项目完工结算而产生的借款利息和外币折算差额，应计入当期支出或费用。

(二)借入款项的审计

借入款项审计的目的，是为了理解和决定单位是否存在、有效和一贯地与借入资金相关的内部控制，并对所借资金的真实性和完整性进行审查，审查借入款业务的合法性，审查借款合同履行情况，审查借入款抵押、担保情况，审查利息计算及账务处理的正确性。

1. 内部控制制度的测评

要评价借入款内部控制体系，首先要了解和描述借入款项的内部控制制度。审核有关制度、文件和相关的业务纪录，审查借入款项的业务部门是否向车辆管理部门提出贷款申请、车辆管理人员审查、借款计划的编制、重大项目借款的可行性分析、相关的手续等；审核借入款项的详细记录，判断借款单位有没有签订借款合同，有没有资产担保，有没有按计划使用借款，有没有按时偿还贷款；审核贷款取得后的明细账，核对账目是否按时，并定期核对。

在以上的审核完成后，审计人员可以评估单位的内部控制制度，并据此决定进行实质性审核的范围和重点。

2. 实质性审查

对借入款项的实质性审查，主要包括以下程序和内容：

取得或制作借款明细清单，核对其余额，与明细账、总账核对一致。

函证借入款，为了查清借入款的实际数量，审计人员在期末时，应当对所借款项数额过大或认为需要核对时，向银行或其他债权人进行函证。

检查借款的增长情况，对于每年新增的借入款，审计师应当审核借款合同及授权审批，了解借款金额、借款条件、借款日期、还款日期、借款利率，并与有关账目进行核对。

审查借入款的合规性。主要审查事业单位申请贷款是否严格履行法定程序，是否符合国家宏观调控政策和信贷管理的规定；事业单位向财政部门和业务主管部门借入财政周转金,是否符合国家财政周转金管理的有关规定,有无弄虚作假,骗取借款支持的问题;事业单位向其他单位借款,有无扰乱国家金融秩序的行为。

审查借款的使用与贷款合同的约定,并对其合理、有效的长期贷款进行审核。

审查借入款项的缩减。对于一年内发生的借入款项,稽核人员要审核有关账目及原始凭证,以查证其偿还金额。

审查年底有没有未到期未偿还的借款,有没有办理延期还款手续。

审查单位按揭贷款的按揭财产是否属于该单位,其实际价值与实际情况是否符合按揭合同。

对已计借款利息进行核对,如果有任何未计利息记录,应当作相应地调整,并检查借款利息的会计处理是否准确。对于外币借款,应当认真审查其换算差异的会计处理,以及在前后两个时期内的换算方法是否相同。

三、应付票据

(一)应付票据及其核算

应付票据是指出票人签发的,承兑人承诺在某一期间内支付一定款项的书面凭证。在我国,对应付票据是指在商业交易中,因使用商业汇票进行结算而产生的,由收款人或付款人(或接受申请人)开具并由承兑人承兑的票据。在使用商业承兑汇票的情况下,承兑人是指付款人,而承兑人在这项债务某一期间内所承担的支付承诺,是单位的一项负债。如果使用银行承兑汇票,则承兑人虽然是银行,但是由银行承兑的票据,仅能为收款者按时偿还其债务提供一个可信的信用担保,而对于付款人和承兑申请人而言,这种负债并不会因为银行的承兑而消失,所以,即便是银行承兑的汇票,付款人或承兑申请人的现有债务仍将被视为负债。

事业单位在对外发生债务时所开出、承兑的商业汇票,在会计核算上应设置"应付票据"科目,反映这项负债的现存义务。同时,按照新制度的规定,事业单位应设立"应付票据备查册",对应付票据的种类、数量、签发日期、到期日、金额、收款人姓名、收款人姓名、支付日期、金额等明细信息案备,在应付票据到期支付时,应按账目中的金额逐项核销。

应付票据根据有无利息,可以分为有利息的应付票据和无利息的应付票据,两者的核算方法基本一致。

事业单位出具的承兑汇票或用汇票支付款项,借记"应付票据"和"材料"科目,贷记"应付账款"科目。在支付银行承兑汇票时,应借记相关的费用支出或费用科目,贷记"银行存款"科目。为了简化会计程序,无须提前提取票据的利息,在收到银行的付款通知后,借入"应付票据"科目、"事业支出"和"经营支出"等相关科目,贷记"银行存款"科目。

(二)应付票据的审计

应付票据的审计,其目的在于了解并决定事业单位对应付账款的内部控制是否存在、是否有效、是否持续、是否一贯遵守、是否符合,以及是否确认应付账款的最终结余真实性和完整性,是否对应付账款进行审核。

1. 内部控制制度的测评

测评事业单位应付票据的内部控制制度，首先要了解、描述其内部控制体系，再通过查阅相关文件、资料、抽查相关的业务档案和原始凭证，重点检查单位是否建立了应付票据的责任划分；是否有不同的人分别负责票据的经办人、记账人、署名人；是否分别负责，有无空白票据用纸，作废或书写错误的票据是否留底贴在存根上；是否存在不予保存、销毁的情况；是否设立"应付票据备查簿"，详细登记每一应付票据的种类、数量、签发日期、到期日、票面金额、收款人姓名或单位名称以及付款日期和金额等详细资料；应付票据到期付清时是否在备查簿中逐笔核销，应付票据是否按时结算、总账与明细账是否经常核对一致。另外，应付票据业务往往与采购业务联系在一起，有关这方面的内容请参阅应付账款的审计。

审计人员经过上述审查之后，可以对其内部控制制度进行评价，并据以确定实质性审查的重点。

2. 实质性审计

对应付票据的实质性审查，一般包括以下内容：

一是获取或编制应付票据明细表。为判断事业单位应付账目的金额是否准确，审计师在进行实质审核时，应先获取或制作应付账目，并与相关的明细账和总账进行核对。一般而言，应在应付票据清单中列出票据类别和编号、开票日期、面额、到期日、收款人名称、利率、付息条件、抵押品名称、数量、金额等。审计时，审计人员要留意机构是否有误报或漏报账目。

二是函证应付票据。审计人员可以按单据的类型对其进行函证。对银行的重大单据，可以通过信函确认；对其他债权人的重大票据，应当直接写信给债权人。信函中，请注明出票日、到期日、票面金额、未付金额、付息期间、利息率、抵押物等内容。

三是检查逾期未付票据。审计人员应认真审核相关账目及原始凭证，并对已到期的应收账款进行核对。如果有一张到期的票据，应当找出其原因，如果是有抵押物，应当作记载并加以调整。

四、应付账款

(一)应付账款及其核算

应付账款是事业单位在进行内部成本核算时，因购买材料或接受服务而向供给方支付的款项。应付账款与应付票据是不同的，尽管它们都是因交易而产生的，但是应付账款是一种未清偿的债务，而应付单位则是一张期票，一张可以保证支付的支票。

应付账款通常是在较短的时间内进行支付。根据新的制度，事业单位应对各类应收账款进行及时清理，并按有关规定进行结账，不能长期拖欠。一些应付账款因为负债单位的撤销或其他原因而不能支付的应付款，则该应付款应计入该单位的一项额外收入，并且列入其他收入处理。

应付账款的入账时间应当以购买材料的所有权转移或提供服务已经完成为标志。但是，在实际操作中，必须区分不同的情况。如果货物与发票的单据是同时到达的，则通常要等到货品验收和入库后，再根据发票账单记录入账。这主要是要确定采购人的产品在品质、种类和数量上符合采购合同规定的要求，以免在结算后进行验收、入库时，出现采购人的错误、漏、破、损等问题再行调账。如果物料和发票不是同时到达，则应将其视为一种债务，因为应付账款要按发票账单进行核算，有时货物已到，而发票账单却需要很长一段时间才能送达。在会计报表中，为了客观地反映单位所拥有的资产和负债，在实际工作中，应当采取在月末将购买的材料和负债估计入账的方法，并在确定实际金额后，对其进行调整。

实行内部成本核算的事业单位由于交易而产生的应付账款，设置"应付账款"科目，并按供应单位设置明细账进行核算。

(二)应付账款的审计

应付账款的设计，其目的在于了解和决定事业单位与应付账款相关的内部控制制度是否存在、是否有效、是否遵循，审核确认应付账款的真实性和完整性，审查确认应收账款的确认。

1. 内部控制制度的测评

由于应付账款与采购业务紧密联系在一起，其内部控制制度也相应地涉及采购、验收和财务会计等部门。一般情况下，应付账款的内部控制体系包括：采购、验收和储存、财务会计部门的人员配置和工作分工，并由有关部门进行相应的确认和批准；所有的购货业务均须填写订货单，订货单须由各采购部门和相关部门签字盖章，并将订货单的复印件提交给财务部；接收并接受后，要制作检验报告，检验报告必须按次序编号，并将验收报告的复印件及时送交采购、会计等部门；在接到购货发票后，要及时将购货发票、订货单和验收单进行对比，确定货物的种类、数量、价格、折扣条件、付款金额和付款方式等。相关的现金支付必须由采购部填写应付票据，并获得相关部门的审批。采购部对收到的各种文件均须加盖收件日期；每月应分别对应收账款和明细分类账进行结算，并进行核对；每月向供应商提供对账单，并与应收账目和结算单进行核对，找出产生这些差异的原因。

对应付账款的内部控制体系进行评估，应当对其内部控制进行调查，并取样核查应收账款的过账，以判断应付账款的控制是否有效；每一次选择的详细账户中所附的原始单据，核对其所载金额同相关明细账户是否一致。经过上述审查之后，审计人员可以对其内部控制制度进行评价，并据以确定实质性审查的重点。

2. 实质性审查

应付账款的实质性审查，主要包括以下内容：

(1)获取或编制应付账款明细表

审计人员应先获取或制作应付账款明细表，以确定其在资产负债表上的应付账款与其详细记录是否一致，并将清单上的数目加上总分类账，若两者有出入，则找出原因，并做适当的调整。

(2)审查应付账款明细账

由于应付账款的明细账户数量众多，审计人员可以对其个别账户进行抽样检查，确认其与购货发票、订货单、验收单等原始单证、现金日记账、银行存款日记账等有关事项相符。

（3）函证应付账款

通常情况下，应付账款不需函证是由于函证无法确保查出未记录的应付账款，并且审计人员可以获得诸如采购凭证之类的外部证据来证明其余额。对于应付账款进行函证，应选取数额较大的债权人或主要供应商，并以明确的应付款方式予以确认。审计人员应当对其进行审核，并请求直接回复。若有重要的项目没有回复，则审计人员应采取其他方法，以验证交易的真实性。

（4）查找未入账的应付账款

审计人员在资产结算日未处理不相符的采购发票、有物料进项凭证而没有取得采购发票的业务活动；核对结算当日收到的采购发票，并核对其入账时间；核对结算日应付账款、明细账贷方发生额的对应凭证，并确定它们的会计处理时间。如果有应付账款没有列入账内，应做记录并加以调整。

（5）审查长期挂账的应付账款。

审计人员应密切关注是否存在长期拖欠的应付账款，若有，应找出原因后做记录，并根据需要进行相应的调整。

第七章 事业单位成本费用、结余及专用基金

第一节 事业单位的成本费用

一、成本费用概述

(一)成本核算的意义与作用

事业单位进行非独立核算业务时,应对其发生的各种成本进行准确的归并;无法集中的,可以按一定比例进行合理分配。事业单位可以按照业务活动和其他活动的实际需求,对单位内部进行成本核算。

事业单位通常没有严格的成本核算标准,核算内容也不完备。但是,为强化内部管理,准确反映单位的财务和工作业绩,增强成本核算意识,提高资金使用效益,都应当根据自身业务特点,参照企业成本管理的方式、成本开支范围制定出具体的内部成本核算办法,创造条件,积极推行成本核算。

事业单位对生产经营活动进行成本核算具有以下作用:

1. 有利于事业单位转换运行机制

随着我国经济体制改革的深化,事业单位资金的多元化,从客观上要求事业单位财务管理从供给型向经营服务型转变。实施成本核算制度,有利于完善我国的经济责任制,推动事业单位体制转变,提高适应市场和自身发展的能力。

2. 有利于明确经济利益关系,提高经济效益

由于我国的财政资源有限,事业单位的各项支出不能全部由国家包揽,因此,必须充分利用现有的各种经济资源,积极地进行生产经营活动,以弥补财政投入的不足,推动事业的发展。同时,在我国的社会主义市场经济体系中,事业单位之间的横向经济关系也将得到进一步强化。这就需要对各个部门进行成本核算,以确定其经济利益的关系,使其经济效益持续增长。

3. 有利于真实反映和评价生产经营活动状况,促进改善经营管理

实施成本核算能够真实地反映事业单位的生产、经营活动和结果,对事业单位的生

产经营活动水平、工作成绩进行评估,发现薄弱环节,从而促进并改善其经营管理。

(二)成本费用的概念及成本核算的基本要求

从企业的角度来看,费用是指企业在生产和运营过程中所产生的各种消耗,并根据特定的目标进行分类,从而构成了成本。对具有生产和运营活动的事业单位而言,其发生的费用是多种多样的,并不是将其物化为产品(项目)的成本,而是根据其不同的性质和使用情况加以区别,有些费用应当计入产品成本,有些费用应当计入有关开支。

事业单位的成本费用,是指在其生产和运营期间,为其生产或提供服务所产生的各种消耗。事业单位成本核算就是对事业单位的生产经营成本和产品成本的构成进行核算处理。

成本核算的基本要求,主要有以下几个方面:

1. 遵循成本核算原则

一是严格执行各项成本开支范围和费用开支标准。成本开支的范围和支出的标准,是指关于成本的具体构成。国家制定成本开支的范围和开支的标准,是要严格划分各种补偿方式,准确地计算出消耗,确保成本核算口径一致,确保各项成本数据的真实性、统一性和可比性。

二是遵循成本分期核算原则。按照会计核算的基本前提,对成本进行了分类。成本核算通常是每月进行的,在同一成本核算期内,各类耗费和计入各类成本的起讫日必须一致,不得为了完成报表而提前结算,不得将耗材和其他支出的到期日提前,以确保本期成本的真实性;对一些生产周期较长的事业单位,即便是每月没有完成的产品,也要按照月汇总,计算在产品成本中。

三是按权责发生制原则核算成本。在进行成本核算时,对目前和以后期间所发生的费用,按照每个费用项目的受益年限来计算,并将其计入当期及以后的成本;对本年度未发生但应由当期成本承担的费用,应按规定的方法预先计入成本,以保证各阶段的成本和损失的核算正确。

四是遵循实际成本计价原则。事业单位对实际发生的费用和成本的核算,不能以计划成本、估计成本、定额成本等替代实际成本。对使用计划成本或定额成本核算的单位,应根据所确定的成本计算周期,合理地确定成本差异,并及时调整计划成本或定额成本为实际成本。

五是遵循一贯性原则。在成本核算中,各个阶段的核算方法、程序要保持一致,不能随意更改,保证各个阶段的会计信息口径一致,提高可比性。事业单位应当按照其生产经营特点、管理需要,自主选择费用核算方式,但在确定后,不得随意更改。

2. 正确划清费用、支出的界限

一是正确划清资本性支出和收益性支出的界限。凡是支出效益与几个会计年度有关的,均视为资本性支出,例如,厂房、设备等的购买支出,均属资本性支出;如果所产生的利益只属于该会计年度,则视为收益性支出,如材料费用、工资费用等。资本性支出,是从长期的生产和具体需求出发,不能只靠年度的具体收入来弥补;收益性支出,是指为本年度生产和具有所需的费用支出,应当从本年度的经营收入中予以弥补。

二是正确区分当前的产品成本和下一阶段的产品成本界限。根据权责发生制的原理,不需要所有的产品成本都由当期的产品成本来承担。凡本年度已经发生但应当由当期及未来期间的产品成本共同承担的费用，均视为待摊费用；任何本年度发生但尚未发生的支出，均视为本期成本。

三是正确划清各种产品成本的界限。事业单位在生产产品中产品成本应计入生产费用，有些可以直接计入特定的产品成本；有些则是多个产品一起使用所产生的费用，这种费用应该通过合理的分配方式，分配计入各个产品的成本中。事业单位在进行成本核算时，必须明确各个产品的成本界限。

四是正确划清在生产产品和完工产品成本的界限。月末，如果某一产品同时具有已完成产品和在生产产品的情况下，则应将已完成的产品和在生产产品中的制造成本进行合理的分配，以便准确地计算完成产品的成本和在生产产品的成本。

3. 切实做好各项基础工作

一是制定各种消耗定额。定额是指在正常的生产情况下，对人力、物力和财力的合理利用。与成本核算紧密相关的是材料、动力、工具消耗定额、劳动定额和费用定额，并按以上定额和计划价格确定定额成本。定额是实施计划管理的基础，其内容先进、实用，可以为成本支出的评价与分析提供依据。

二是建立、健全原始记录。原始记录是生产成本核算的依据。所有的原材料的领退，实际工时的消耗，费用的支出，产品质量的检查，产品的内部转让，产品的入库，都要认真、准确地进行原始的记录。由于原始记录的错误，无法真实地反映出生产的消耗，从而导致"假账真算"，因此，事业单位要在群众参与的基础上，广泛动员群众，认真制定既能满足生产管理和成本核算的要求，又简便易行、讲究实效的原始记录制度，并依靠群众认真做好各项原始记录的登记、传递、审核和保管工作，使产品成本核算工作建立在实际的基础之上。

三是加强计量和验收工作。实物数量的计算是进行价值计算的依据。对物料、物资和实物的计量与验收，是对产品成本进行准确核算的先决条件。所有的物料、物资的收发、领退，产品和半成品的内部转移、成品入库等都要进行计量验收。物料和车间的存货，要定期进行盘点。

四是建立健全成本核算责任制。根据事业单位的实际情况，制定和完善成本会计责任制，使之能够正确地记录和处理情况。

二、成本核算内容及程序

（一）成本核算对象

成本核算对象即成本费用的承受者。根据事业单位的特点，成本核算的对象大致如下：

具有生产或销售商品的事业单位，其成本核算是以其产品或货物为基础；

科研事业单位的成本核算对象应当是科研课题、项目、研究室、事业部；

从事技术咨询和其他劳务服务的事业单位，其成本核算应当以会计科目为基础。

（二）成本项目

将所生产的产品或提供劳务负担的费用按经济用途划分为若干项目即为成本

项目。

事业单位结合自身具体情况,在编制成本、费用核算时,要满足事业单位财务管理的基本要求,确保会计核算体系的整体性、统一性;成本费用支出要与"经营支出"科目保持一致。在进行项目的设计时,项目的具体明细项目要与国家统一的"经营支出"科目相结合。事业单位可以参考企业的财务制度,以直接材料、直接人工、其他费用等作为项目成本,并按"经营支出"的明细科目(如基本工资、补助工资、其他工资、福利、社会保障、助学金、公务费、业务费、设备购置、修理费、修理费和其他费用)作为具体明细项目,使相关费用和费用在编制财务报表时能归入国家统一的经营支出科目。

直接材料费,是指直接用于产品生产的实体原料、主要原料、外购的半成品、辅助材料以及其他直接材料。

直接人工费,是指直接参与产品生产的劳动者的工资,以及按照劳动者的总工资和一定的比率计算的员工福利费用。

其他费用,是指直接材料费和直接人工费以外应由生产产品所负担的费用,包括管理人员的工资及福利费、办公费、邮电费、水电费、机器设备保养修理费、机动车燃油费、房屋修缮费等。

事业单位可按其自身的生产特性及经营需要,对其费用进行适当的增减和调整。

(三)成本核算的一般程序

成本核算的一般程序如下:

审查和控制制造成本,并确定产品(服务)成本的范围;

对各类商品(服务)的成本进行分类,并按成本项在不同的产品(服务)中进行分类,得出各类产品(服务)的成本;

对已完成的产品和在生产的产品,将期初在生产成本与当期生产成本之和,在完成产品和期末生产产品之间进行分摊和汇总。

三、产品成本的核算

(一)成本核算账户的设置

成本费用的收集和分配是事业单位进行产品成本核算的前提和依据,要对成本费用进行准确的核算,对成本费用进行控制,并对已发生的费用进行汇总、分配,以此来计算产品的成本,事业单位应当设立"成本费用"的总分类账户。

"成本费用"总分类账户一般应按经营类别或产品(劳务品种)开设明细账,同时,可以参照企业按"直接材料""直接人工""其他费用"设置明细科目,并在账内按基本工资、补助工资、其他工资、职工福利费、社会保障费、助学金、公务费、业务费、设备购置费、修缮费、其他费用项目设专栏进行明细核算。当然,其中有些项目对于事业单位的生产经营活动而言可能不会发生,也就没有必要设置。

为产品(劳务)的生产发生材料、工资及其他费用时,记入"成本费用"科目及有关明细科目的借方;已经完工并验收入库的产成品记入"成本费用"科目及有关明细科目的贷方。"成本费用"科目期末借方余额反映尚未完工的计入产品成本。

(二)成本费用的归集与分配

归集和分配成本费用时,直接费用直接计入成本核算对象的相关项目,其间接费用应按合理的标准进行分记核算的相关项目。

1. 直接材料费的归集与分配

在产品制造中使用的物料,若按不同的产品领用,则根据领料凭证直接计入不同的产品"直接物料(营业费用)"项目。

当同一批次的物料同时消耗时,应采用一种简单、合理的分配方式,将其分记到不同的产品成本中。当消耗定额较为准确时,一般是按照产品的定额物料消耗比例和物料定额成本的比例来分配。

2. 直接人工费的归集与分配

直接人工费包括直接生产人员的工资及按规定提取的职工福利费。

在计件工资制下,一般采用生产性工资单来核算生产人员工资,并将其直接计入产品成本。按时间计酬制,若仅有一项产品的生产,则其工资为直接支出,应直接计入该产品的成本;如果是多种产品的生产,则必须采取某种分配方式来实现不同产品的分配。工资支出的分配,一般是按照实际工时的百分比进行分配。

3. 其他费用的归集与分配

应由生产产品(或提供劳务)负担的其他费用,包括管理人员工资及福利费用、办公费、邮电费、水电费、机器设备保养修理费、机动车燃料油、房屋修缮费等。对于其他费用,首先要正确划分应计入产品成本的界限,对于应计入的,要分配计入产品成本,不应计入的应从有关支出科目列支。对于应计入产品成本的其他费用,应采用适当的分配办法分别计入各种产品的成本项目中。其分配办法与材料、工资费用的分配办法相类似。

(三)成本费用在完工产品和在生产产品之间的分配

通过以上各种费用的汇总和分配,产品在制造过程中所产生的各种费用,都集中在"成本费用"账户和它的明细账上。所有的费用都是这个月的成本费用,而不是这个月的完工产品成本。要想知道这个月的产品的成本,应该把这个月的成本费用和月初的在生产产品成本相结合,然后把这个月的完工的产品和月末在生产的产品分开来得到产成品的产品成本。这就是将完成产品与月末在生产产品的成本划分界限。

在完成的产品和月末在生产产品中,可以采用两种方式来分类:一是把前两种项目的总和按照一定的比例分配到后两个项目中,这样就可以得到完成产品和月末在生产产品的成本;二是先确定月末在生产产品的生产成本,然后再进行最终的成品成本的计算。不论采取何种方式,都要获得在产品的生产数据,这些数据是进行价值计算的依据。

在产品的收发和结存的日常核算中,车间应按照产品的种类和在生产产品的品名(例如零件的品名)设置在生产产品收发和存账(也称"在生产产品台账"),根据生产工艺特点和管理的需要,有的也可按加工工序反映。在车间内进行产品的搬运时,要仔细地进行计量验收和交接。然后,通过领料凭证、产品内部转移凭证和产品交货单等方式,对在生产产品的收发和发货进行记录。

在成本计算中,成本费用在完成产品和在生产产品中的分配是一个非常重要和复杂的问题。事业单位应根据产品的生产特性(例如在生产产品的数目和每月变动的幅度,以及各种费用在成本中所占的比例),选择一种既简单又合理的分配方式。

(四)产品成本的计算方法

在完成了成本、费用的收集和分配后,要根据成本计算对象编写成本计算单,选取相应的成本计算方法,对各类产品的成本和单位成本进行核算。事业单位可以依据企业的生产经营特点、组织类型、成本管理的需要,自主决定费用的计算。成本计算主要有三种:简单法、分批法、分步法。

1. 简单法

简单法又称为品种法,是以产品种类为成本计算对象,对生产成本进行汇总、分配,并进行成本计算。该方法一般适用于工序单一、品种单一的生产,且工艺较短,没有在制品,成本计算较为简便,所收集的生产成本即为已完成的产品的总成本,除以产量为单位的单位成本。最基本的产品成本计算法是简单法。

2. 分批法

分批法是以批号作为产品成本计算的对象,将生产成本进行汇总,并进行成本计算。批量生产又称为订单生产,是针对单件、小批量生产的一种方法。

分批法的主要特征是:将所有的生产费用按产品的订单或批号进行分类,以采购人预先订购的商品或指定的批次为单位,根据每个订单或批次的商品设定成本明细表(也就是成本核算表),将成本项分开记录。月底未完成的定单是在产品、成本明细表中的成本支出,即在产品的成本。当订单完成时,在成本明细表中汇总的总成本和费用就是产品的生产成本。因此,该方法仅需要将成本分摊到不同的产品中,便不会产生费用在完工产品与在生产产品之间的分配问题。

3. 分步法

分步法是以生产工艺中的每一个工序(类别)作为成本核算的目标,将生产成本汇总起来,并计算出每一步的半成品和最终产品的成本。它适合于连续加工式生产的产品项目,其生产流程包括一系列的连续工序,从原料进入生产,每个工序都要形成一个半成品,然后这些半成品再进行下一步的加工,直到形成成品。

对各部门产生的各种费用进行分类、归集、分配,采用某种成本计算的方法,得出了每月的最终产品成本和已完成的产品成本。当月完成的产品的成本,应当从成本费用科目贷方转至相关科目。

(五)成本费用的审计

成本费用审计是对各部门费用支出的真实性、费用的归集和分配是否合理、费用核算的准确性进行审查。

成本费用审计的目的,是为了检查是否存在有效和持续地决定单位与产品成本相关的内部控制,审查成本支出的合规性,审查成本会计处理的正确性,以及审查成本计算的正确性。

1. 内部控制制度的测评

由于事业单位生产经营活动的特点,以及实行成本核算的条件和要求不同,因而事业单位的成本核算基础相对比较薄弱。因此,对事业单位成本费用内控制度进行测评非常重要。

对事业单位成本费用内控制度进行测评,目的在于检验事业单位各项费用管理体系是否健全、内容是否完善、实施是否严格、控制效果是否良好,并发现问题及薄弱环节,提出改进意见,同时为进一步实施实质性审查确定审计重点。

2. 实质性审查

(1)直接材料费的审查

在生产中直接消耗的材料和原料,在使用时,应在领料单上标明产品的名称、规格,并于每月末将其按照用途汇总,并根据使用情况编制"物料费用分配表",并直接计入相关产品的成本。因此,在审核过程中,审计人员可以随机抽取一份领料单,并与物料费用分配表进行核对,从而确定产品成本计算的真实性和准确性。

(2)直接人工费的审查

直接人工费是指直接从事产品生产的工人的工资,以及按照一定比例从工人的工资总额中提取的员工福利费。直接工资是指直接参与生产的人员的工资、奖金、津贴和补贴。可以通过下列方式审查直接人工费:

审查直接人工费的发放是否符合国家及主管部门的规定。重点审查奖金、津贴、补贴以及其他工资性收入的发放是否符合国家政策规定,有无突破工资基金计划,有无非直接从事生产经营活动职工工资计入的情况。

审查直接人工费的计算是否真实、正确。重点审查向职工发放的工资、奖金、津贴、补贴和其他工资收入,是否全部计入工资总额,是否将无法计入工资总额的医疗费、福利、退休费等混入工资总额中;计件工资的应付工资是否正确;员工福利费用的计算是否按照总的工资和标准执行。

审查直接人工在各种产品中的分配是否合理、合规。在生产期间,由生产人员支付的工资单中的计件部分,通常在事业单位的生产资料上标明每一批次或每一种产品的资金额;计时工资部分,通常说明每一批次或每一种产品的实际工时或按一定的劳动报酬。工资费用按每月结算的"工资费用编制表"进行分配,并将其直接计入相关产品的成本中。所以,审计人员在审查生产工人的工资时,通常会检查一部分的生产记录,检查这个月的工资结算单和费用的分配表是不是一致的,根据使用情况来统计的时候有没有差错,数据的计算和支出的分配是否合理。此外,员工的福利费按规定的总薪金的一定比例进行发放,在每月底,由各部门根据工时记录和相关的工时记录,编制"工资、费用分配表",并编印"生产人员工资、福利费用的分配汇总表",审核时,审计人员可以根据以上数据,计算职工福利费是否合理、正确。

(3)间接费用的审查

重点审查间接人工费用和材料的真实性和准确性;所选择的分配方式是否与实际的生产、运行状况相适应,在确定了分配方式后,有没有频繁的变化,分配比例和配额的计算是否正确,有没有以计划工时代替实际工时、以估计费用代替实际费用、以估算产量代替实际产量等问题。

(4)成本开支范围的审查

按照成本管理的要求和新制度的规定,事业单位应当正确划分生产经营支出和事业支出及应当由其他资金来源开支的界限,在生产经营支出中还应当正确划分应当计入产品和提供劳务与不应计入产品和提供劳务的成本费用支出的界限;正确划分本期成本费用和下期成本费用的界限;正确划分成本计算期。事业单位应当遵守有关规定,凡应计入产品成本的费用支出,都应当计入,凡不应计入产品成本的支出,都不应计入产品成本。

(5)产品成本计算的审查

在项目成本计算中,如何合理地确定成本计算,并选用合适的计算方法,是成本计算中的一个重要问题。由于工艺技术和生产组织的差异,导致了产品成本的累积方式不同,以及成本管理的不同需求,最后形成了产品成本计算方法的不同。事业单位可按生产经营特点、组织类型、成本管理的需要自行选择确定计算方式。但一旦决定,就不能更改。

(6)在生产产品与产成品成本分配的审查

在生产产品和产成品的成本分配时,应当重点审查在生产产品的计数和定价。因事业单位生产组织、工艺特点及管理方式的差异,有的单位设立了"在产收发、存账",有账可查,但因单耗的变化、前后工序的转移、班组的交接,无法保证全部的准确性和可靠性。所以,审计人员要对在生产产品进行现场盘点,并按盘点的结果填写"在制品存货清单",并对期末各工序的生产记录进行核对,确定各类在制品的库存。对在生产产品的存货,盘点日与结账日常常有出入,要依据查点的结果,作出相应地调整。

此外,也应当对在生产产品定价进行审查,重点审查在生产产品的定价方式与单位的实际状况是否一致。在生产产品按照定额成本计算时,要审查定额费用的精确性,定额费用和实际费用之间的差别是否太大;在生产产品中,若按照约定的产量计算,应审查其计算的基础,确定其是否正确与实际相符;产品价格的确定和评估方法是否相符,并根据评估的方式进行计算。

第二节 事业单位的结余

结余为各部门每年的收支平衡。同时,对事业单位的余额(不包括实行预算外资金余额的情况),按国家规定,在下一年内由专项资金划拨后,可以根据国家有关规定,从职工福利基金中提取,其余部分将作为事业基金,用来填补今后年度的收支差额;国家另有其他法律法规的,从其规定。

一、结余概述

(一)结余的概念

结余是事业单位在某一时期内各项收支平衡后的余额,其中以事业结余和经营结余为主。

(二)事业结余的核算

事业结余是指在某一时期内,除经营收支以外的其他收支平衡(不包括实行预算基金结余上缴办法的预算外资金结余）。

事业单位应当按"事业结余"科目进行结余的核算。年末核算结余时，应当将"财政补助收入""上级补助收入""附属单位缴费""事业收入"和"其他收入"等科目的余额转入本科目，借记"财政补助收入"科目、"上级补助收入"科目、"附属单位缴费"科目、"事业收入"科目和"其他收入"科目，并贷记本科目；将"拨出经费"科目、"事业支出"科目、"上缴上级支出"科目、"销售税金（非经营业务）"科目、"对附属单位的补助"科目、"结转自筹资金"科目等余额转入本科目，借记本科目，贷记"拨出经费"科目、"事业支出"科目、"上缴上级支出"科目、"销售税金（非经营业务）"科目、"对附属单位的补助"科目、"自备基建"科目等。

（三）经营结余的核算

经营结余是事业单位在某一时期内，各种业务所得收入和支出相抵后的余额。

事业单位要处理其经营收支结余，应当设立"经营结余"科目，"经营结余"科目中的借方发生额是指年末转入的各种费用，贷方余额是指当期已实现的利润，借方余额是本期发生的损失。年终时，科目的贷方余额将全部转入"结余分配"科目，如果是借方余额，则不予结转。

年末结转经营结余时，将本期已实现的具有收入转至"经营结余"科目，借记"经营收入"科目，贷记"经营结余"科目。同时，将"经营结余"科目中的经营支出、销售税金等转入并借记"经营结余"科目，贷记"经营支出"科目、"销售收入"（营业收入）科目。年末，所有已完成的收入均转至"结余分配"科目，结转后的本科目没有余额。

例如，某实行成本核算的事业单位年末有关科目余额为：经营收入2 240 000元，经营支出1 350 000元，销售税金（经营业务）240 000元。其年终转账的会计处理如下：

年终结转收益，

借：经营收入——2 240 000

贷：经营结余——2 240 000

同时，

借：经营结余——1 590 000

贷：经营支出——1 350 000

销售税金（经营业务）——2 400 00

因此，经营收支结余为2 240 000-1 590 000＝650 000万元，结转经营结余时

借：经营结余——650 000

贷：结余分配——650 000

二、结余分配

（一）结余分配的概念

事业单位当年实现的盈余，要按照有关规定进行分配。结余的分配关系到国家、单位和职工的利益，因此，事业单位必须严格按照国家相关法律法规进行结余分配。事业单位的余额（不包括执行预算外资金余额的情况）可继续使用，也可以根据国家规定从下一年中拨付的专项资金中提取职工福利基金，其余的将作为今后年度的收支差额；国家

另有其他法律法规的，从其规定。

根据以上的规定，事业单位的余额要做两个方面的扣除：

一是事业单位预算外资金，对部分费用开支有特别要求者，在核定收支计划后，可按照收支余额，上缴到同级财政账户。采用这种方式的预算外资金，其收支余额不会被纳入结余分配。

二是专项资金的结存不参与结余的分配；专项资金结存指事业单位在下一年度由财政部门和有关部门调拨并在下一年继续使用的资金。

在扣除以上各项内容后，事业单位应将其余额按照一定比例从职工福利基金中提取。在提取员工福利基金后，余下的部分将用作以后年度的财政收支平衡，以弥补收支差额。

事业单位要全面清查、核对、整理、结算全年的收支，并按《规则》所规定的计算方法和计算内容进行；凡是属于本年的各项收入，要及时入账；凡是属于本年的各项支出，都要按规定的支出渠道列报，正确计算、如实反映全年收支结余情况。同时，对结余进行适当的分配。结余的分配，包括如何处置预算外资金结余、处理专项资金的结存、提取职工福利基金等，需按规定办理。

(二)结余分配的核算

事业单位应当设立"结余分配"科目，以便对其进行全面的核算并反映单位结余分配情况。该科目通常要设立"所得税""提取专项资金"等明细科目。

有纳税经营活动的单位在核算其应缴的所得税时，借记"结余分配"(所得税)科目，贷记"应交税金"科目；计算出的专项资金，借记"结余分配"(专项资金)科目，贷记"专用基金"科目。

年末，应当将年度的所有结余和经营结余全部转入该科目，借记"事业结余"科目和"经营结余"科目，贷记本科目。"结余分配"账户中贷方余额是未分配结余。

在分配后，各单位应当将当年未分配的结余全部转到"事业基金"科目，借记"结余分配"科目，贷记"事业基金"科目，在"结余分配"科目上没有余额。

在年末结算后，如果发生以前年度会计项目的变动，或者涉及上一年的年度月，按照国家有关规定执行；未做明确规定的，应当按"事业基金"科目进行核算，并在报表中予以说明。

比如，某所单位在年末结算之前的"事业结余"账户中借入了 200 000 元，而"经营结余"账户的贷方余额为 360 000 元。本单位适用 33% 的所得税，员工福利基金的提取比例为 20%。经济业务的计算及会计分录如下：

借：结余分配——200 000
贷：事业结余——200 000
借：经营结余——360 000
贷：结余分配——360 000
应交所得税 = (360 000-200 000) × 33% = 52 800 元
借：结余分配——应交所得税 52 800
贷：应交税金——应交所得税 52 800
提取职工福利基金 = (160 000-52 800) × 20% = 21 440 元

借：结余分配——提取专用基金21 440
　　贷：专用基金——职工福利基金21 440

通过上述分配后,"结余分配"科目贷方余额为85 760元,如数转入"累计盈余"科目。

借：结余分配——85 760
　　贷：事业基金——一般基金85 760

(三)结余及其分配的审计

为了对事业单位结余及其分配的审计有一个总体概念,本章最后对结余及其分配的审计作全面概述。

由于事业单位结余及其分配事项一般不多,审计人员可直接进行实质性审查,对各项业务进行详细审计。

1. 结余的实质性审查

结余审计的重点是审查结余的真实性、正确性。由于结余真实性的基础是各项收入和支出的真实性、合规性和合法性,因此,结余真实性的审查必须从审查核实各项收入与支出入手。年末为核算结余而进行的结账、调账的审查要点有：

审查年末的收入,是否按实际情况划拨到"事业结余""经营结余"科目,有没有减少结余而未转或转移收入的问题。尤其应注意经营收入有无转入"应付账款""其他应付款"；有无销售商品、产品,实现销售收入不计经营收入,而直接借记"银行存款"科目、贷记"产成品"科目等；有无将负数即亏损的经营结余,转入结余科目。

审查年终有无虚列事业支出、经营支出等,是否存在将未列入开支的暂定款项在年末列支或虚报支出,将其支出挂账,而未结余。

是否存在将执行预算外资金上缴办法的结余转至事业结余,是否存在违规将结存的拨入专款划转至事业结余的问题。

2. 结余分配的实质性审查

对事业单位结余分配的审查,主要是审查确定其结余分配的合规性和正确性。

事业单位对结余的分配涉及国家、单位及职工利益,因而对结余分配的审计是事业单位审计的重点之一,其实质性审查的要点是：

审查事业单位对结余的分配否是严格按照国家财务制度及有关规定执行。有无将应缴财政专户的预算外资金结余转入结余分配,有无将按规定应结转使用的专项资金结存转入结余分配,有无超出规定的分配范围,结余分配的顺序是否正确,提取职工福利基金等的标准是否符合规定,应缴纳的税费是否按规定计算并足额及时缴纳。

审查结余分配的计算是否正确。

审查账务处理是否合规。

第三节 事业单位的专用基金

一、事业单位专用基金的概念和特点

专用基金是由事业单位根据有关规定提取、设立的专项资金。事业单位设立或提取的专项基金有修购基金、职工福利基金、医疗基金及其他基金。

修购基金,是在事业单位的经费组成中,为维护和购买固定资产而设立的专项经费。

职工福利基金,是指事业单位为集体福利设施和集体福利服务而设立的专项经费。

医疗基金,是指没有列入公费医疗费用支出的事业单位,为其支付的费用。

其他基金,是根据相关规定从银行提取或设立的专项资金。

这些专用基金是我国事业单位专用基金的主要组成部分。

在事业单位的资金运作中,专用基金通常不参与事业单位的业务活动,其运作过程具有一定的独立性:

专用基金资金的获取,都有特别的规定。如果修购资金、医保资金按一定比例或金额提取,并在有关支出项目中列支后转入;员工福利基金按余额的一定比例提取;对其他基金的提取和设立也有特别的要求。

每一笔专用基金,都有自己的用途和使用范围。专用基金一般不得互相挪用,除非是在财务体系中有规定的情况下才能合并使用。

专用基金的使用是一次性的消耗,没有循环周期,无法通过专用基金的支出来取得补偿。

事业单位设立专用基金,是其财政管理的一大特色,对其影响深远。

(一)专用基金是事业单位客观存在的一种资金形态

事业单位资金种类繁多,对各类基金的管理要求也不尽相同。在事业单位的业务经营活动中,有一部分是为了满足日常开支的需求。与此同时,客观上又有一种资金,它的支出范围和限额是有严格限制的,或者是必须要有一定的积蓄才能满足某种消费需求。这一部分资金,无论叫什么名称,其资金的本质是不可更改的。例如,事业单位从其开支中抽取的公务员津贴,就属于此类基金。当前,我国绝大部分国有事业单位仍然是以财政拨款为主,所以,对于"专项基金"事业单位必须根据自己的资金流动特征,采取相应的管理模式。

(二)设置专用基金符合事业单位的特点,符合改革和加强财务管理的要求。

专用基金具有控制、专用等特点,运用得当,对事业单位的发展起到积极的促进作用。事业单位设立专用基金是与其自身特点相适应,强化财政管理的需要。

1. 修购基金

长期以来，事业单位固定资产的维修和更新改造基本上由国家包揽。随着经济体制和各项事业改革的不断深入，事业单位的经营活动和有偿服务活动日益增多，其财政收入的规模日益扩大，其资金来源也出现了多样化的趋势。而事业单位在进行组织的经营活动中，使用的主要是已有的房屋、设备，其自身也有一定的损耗。在此背景下，事业单位要突破政府垄断的体制，建立修购基金，是单位固定资产维护与改造的必然选择。为了确保事业单位的设备更新、维修有一个相对稳定的来源，国家统一规定了事业单位提取修购基金的办法，即按事业单位的设备购置、维修和更新改造有一个相对稳定的来源，即按事业单位提取修购基金的办法，即按事业收入和经营收入的一定比例提取修购基金，统一用于事业单位的设备购置、维修和房屋维修。

提取修购基金具有以下几方面的作用：

能够使收入达到一定规模的事业单位，从内部形成一个稳定的购置资金来源，积少成多，集中使用，以适应客观存在的事业单位固定资产更新和维修不均衡的特点，满足事业单位设备购置、维修和房屋修缮的需要。

对于加强事业单位的成本与费用观念、加强对事业单位的经济核算、提高事业单位的财务管理水平都是有益的。

打破了事业单位各项修购经费由国家全部包揽的格局，减轻了财政负担，有利于财政资金供应方式的调整。

有利于促进事业单位在条件成熟后，逐步转为实行企业管理的体制。

2. 职工福利基金

搞好职工福利是每个事业单位十分重视的事情，必须有相应的资金作保证。按照规定，事业单位可按照结余额的一定比例计提职工福利基金。这一规定不仅满足了事业单位基本福利支出的要求，也为搞好职工福利，奠定了一定的物质基础，同时，它还满足了强化单位财务管理，充分调动单位增收节支积极性的要求。

3. 医疗基金

这一基金主要是为满足在建立社会主义市场经济体制过程中，职工医疗保险体系尚未全面建立的情况下，事业单位职工医疗保障的需求，解决未纳入国家公费医疗开支范围内的事业单位职工医疗费用的开支问题而设置的。医疗基金的设立，符合我国建立社会主义市场经济体制总体框架的基本要求，为事业单位的职工医疗保障提供了重要的、稳定的资金来源渠道。

（三）设置专用基金有利于正确处理国家、集体和个人三者利益关系，对事业单位的发展具有重要的促进作用

从事业单位中提取修购资金，保障了国家和事业单位的利益，促进了事业单位的可持续、健康发展；建立职工福利基金、医疗保险基金，既能保证员工合法的权利，又能缓解员工的忧虑，提高员工的凝聚力，激发员工的工作热情。

二、事业单位专用基金的管理原则和要求

（一）专用基金的管理原则和方法

专用基金的管理应遵循"先提后用、专设账户、专款专用"的原则。

"先提后用"，是指专用基金要按照一定的来源，在拿到资金后，才能安排使用。"专设账户"是指所有专项资金都要单独设立一个账户来进行管理和核算。请注意，此处所称账户为账目，并非必须在银行开设专用账户。"专款专用"是指所有专用基金均按指定的使用范围和使用情况进行合理的分配，并在一定的规模内使用，并确保专用基金的使用合法、合理。

依据上述原则，对各项专用基金的管理应采用下列方法：

1. 提取按比例

各专用基金的提取比例，国家有明确规定的，要依照有关规定进行；国家未作出统一规定的，根据财政管理权限，由财政、事业单位根据有关因素协商确定。

各级财政部门、事业单位在制定各类专用基金的提取比例时，要根据其自身的特点，遵循相应的规定。修购基金的提取比例，要视事业单位的收入规模和维修设备的购置需求而定；从职工福利基金中提取的比例，要根据各单位的收支余额和所需资金的自给率来决定。从理论上讲，各单位的资金自给率不同，可以根据实际情况而定，从而更好地调动各部门的积极性。同时，在确定特定比例时，也要考虑到单位的收支余额和一般的集体福利支出需求。

2. 支出按规定

事业单位的各类专用基金，均有明确的专项用途，在运用时要注意区分各种专用基金的范围。依照财政制度，修购基金仅可用于维修、购买单位的固定资产，不得用于发放奖金或福利。专用基金出现暂时占用时，要及时归还。

3. 收支有计划

对各种专用基金，事业单位要制订收支计划，不得有赤字。各事业单位要按照专项资金的规定，合理安排开支，做到量力而行，同时要注重专用基金的积累。

（二）专用基金的管理要求

1. 正确地形成各项专用基金

各项专用基金的形成，应明确和掌握以下几方面的环节：

形成各项专用基金的计算基数，即计提各项专用基金的计算依据。如，修购基金是按照事业收入和经营收入的规模计算的；职工福利基金是按照收支结余额计算的。

形成各项专用基金的计算标准，即计提各项专用基金的比例或定额。如，医疗基金是按照一定定额计提的；修购基金和职工福利基金是按照一定比例提取的。在计提各项专用基金时应注意，不论是采用定额标准还是采用比例标准提取各项专用基金，均需按照国家的规定标准执行。对于确需调整的定额或比例，应按照财务管理权限的规定，由有关部门作出决定，单位不得自作主张，擅自更改。

计提各项专用基金的列支渠道，即在提取各项专用基金时，所发生的支出在会计核算上所使用的会计科目。如，修购基金按其提取数额分别在修缮费和设备购置费中各列

支50%；医疗基金的提取在社会保障费中列支；职工福利基金的形成相应减少单位的结余额。

各项专用基金的基本内容，即明确各项专用基金的使用范围和用途，进行正确的归集、核算和计提。

在管理各项专用基金工作中，必须把握住上述几个环节，以正确地形成各项专用基金。

2. 实行计划管理

事业单位对各项专用基金的管理，必须建立计划管理制度。对各项专用基金的收入，要按照其形成渠道和形成规模，合理编制专用基金收入预算；各项专用基金的支出，要根据专用基金收入预算规模，安排支出项目计划。做到收入有预算，支出有计划。同时，在日常管理工作中，必须严格按照专用基金的收支计划和国家有关规定，合理提取各项专用基金，科学安排其支出。

3. 量入为出，节约使用

在安排各项专用基金支出时，事业单位必须要坚持量入为出的原则，以收定支，避免"寅吃卯粮"，防止超支和挪用。在基金的运用上，要精打细算，勤俭节约，争取用最少的钱做最多的事情，最大限度地发挥其使用效果。同时，还应注意各项专用基金的积累，以保证相关工作的持续性、稳定性。

4. 实行专款专用

各项专用基金必须按照国家规定的用途和使用范围安排开支。一方面，要做到不同类别的专用基金不能相互流用，相互挤占；另一方面，还要划清专用基金与其他资金间的界限，以保证各项专用基金使用得合理、合法。

第八章 事业单位财务分析和财务监督

第一节 财务报告与财务分析

一、财务报告

(一)财务报告的意义及其分类

财务报告是反映事业单位一定时期财务状况和经营成果的总结性书面文件。

事业单位应定期向主管部门、财政部门、其他相关财务人员提交财务报告。各事业单位提交的年度财务报告包括资产负债表、收支表、相关附表、财务报表。财务报告是一个事业单位在一个会计年度内的最终结果。它是财务工作的一个总结性的概括,同时也是反映事业单位财务状况和业绩的一种手段。编制财务报告的目的在于为事业单位管理者、主管部门、财政部门以及其他相关的财务人员提供财务信息,以便为他们做出决定或者决策作为参考。

事业单位的财务报告,可以按照不同的标准进行分类。

根据财务报告的编制时间,可以分为月报、季度报告和年度报告。这些报告分别是月末、季度末和年末的报告。每月报告中的报告类型不多,要求报告内容简洁、反映及时。年度报告是事业单位年度经济活动的汇总,可概括地反映事业单位在一年中的经营业绩和年终的财政情况,年度报告又称为最终报告。季度报告是关于财政资料的细节,介于每月报告和年度报告之间。

根据编制单位的不同,可以将其划分为基础报告和综合报告。基层报告是由独立核算的基层机构编制的、能够反映其自身财务状况、经营业绩的报告。综合报告是指事业单位或上级单位依据基层单位上报的报告,与单位的财务报表合并编制的报告。

根据服务对象不同,可以将其划分为内部报告和对外报告两类。内部报告是为满足企业内部经济管理的需要而编制的非公开的会计报表。通常情况下,内部报告没有一个统一的标准,也没有一个统一的指标。外部报告是由各事业单位根据国家统一规定的格式、统一的指标系统,为主管部门、财政部门等相关的报表使用者所编制的。

(二)财务报告体系及主要内容

事业单位财务报告包括财务报表和财务情况说明书。其中财务报表由资产负债表、收支情况表、有关附表和财务情况说明书组成。

1. 资产负债表

资产负债表是一个事业单位在某一时间点（月末、季度末、年末）财务状况的报告。该表可以反映出一个事业单位在某个时间点所拥有或利用的经济资源、所承担的负债情况，也可以反映出它的偿债能力和财政状况。

通过事业单位的资产负债表，可以为相关部门提供如下的信息：第一，事业单位拥有的经济资源及其分布与结构；第二，事业单位的债务情况；第三，事业单位的资金状况；第四，从财务状况、短期偿债能力、偿债能力等方面进行分析。如果将前后两年的资产负债表进行对比分析，也可以看到各事业单位的资产、负债和财务发展趋势。

2. 收支情况表

收支情况表是一个事业单位在某一段时间内的财政收支和经营业绩的全面报告。它包括收入、支出、结余及其分配三个方面。根据收支情况表，可以反映事业单位财务收支的构成及结余情况，检查分析单位预算的执行结果，预测未来事业的发展趋向。

3. 有关附表

为了充分满足有关方面更加全面地了解和掌握事业单位财务状况及相关情况，各事业单位也要准备相关的附件。其内容包括：用于反映事业单位员工人数、人员组成、工作业绩等各项指标的基础数据；固定资产分类表，是指事业单位的固定资产组成。

4. 财务情况说明书

财务情况说明书是一份以书面形式，对某一特定时期内的财政和业绩进行分析、汇总的书面报告，是事业单位财务报告重要的组成部分。通过财务情况说明书的编写，有利于促进各单位全面地分析和总结财务活动情况，总结经验，吸取教训，不断提高财务管理工作水平。对财政和事业主管部门来说，则有利于进一步了解事业单位财务报表总括地反映有关财务信息发展变化情况，以便正确指导各单位的财务活动。总之，财务情况说明书是运用财务报表中那些静态数字反映事业单位的财务活动，把被认为是枯燥的数字变为评价和分析其财务状况和经营成果的佐证材料，为提高财务管理水平、提高资金使用效益，更好地完成各项事业任务的有效途径。

（三）财务报告的编制要求

编制财务报告的目的在于为财务报告使用者提供财务信息，确保财务信息能够及时、准确、完整地反映事业单位的经营成果和财务状况。财务信息的基本要求是便于理解、真实可靠、相关可比、全面完整，并且能够及时提供给使用者。因此，财务报告的基本要求就是便于理解、真实可靠、相关可比、全面完整、编报及时。

1. 便于理解

便于理解是指财务报告所提供的财务信息易于使用者了解，相关的描述必须清楚明白。如果财务报告是模糊不清、难以理解的，使用者就不能做出正确的判断，也就不能实现他们的阅读和使用。

2. 真实可靠

对外公布的财务报告，主要是为了满足相关各方对财务信息的需求，方便他们做出判断和决策，因此，所提供的财务信息必须真实、可靠。如果财务报告中所披露的信息存在不实、不可信、甚至是虚假的情况，那么这种财务报告不但无法达到预期的效果，而且还可能因为信息的不准确造成对事业单位的财务状况和经营业绩的判断出现偏差，从而造成决策上的失误。

3. 相关可比

相关可比是指财务报告所提供的财务信息必须与使用者的决定需求相联系，并且能够比较。如果财务报告所提供的信息可以让使用者了解过去、现在或将来事件的影响以及其变动的趋势，那么财务报告所提供的财务信息可以被视为可比的。

4. 全面完整

全面、完整的财务报告必须充分地反映事业单位的财务状况和经营业绩。任何国家要求的财政报告必须按规定的格式、内容填写，不能有遗漏或缺失，特别是一些重要的财政资料，可以在相应的条目中加上括号，或者使用附件、附注等其他形式。

5. 编报及时

只有及时地编制和上报财务报告，才能更好地为使用者所用。否则，就算财务报告是真实和完整的，也不会给使用者带来益处。在建立社会主义市场经济的过程中，对数据的及时性的要求越来越高。这就需要各事业单位加强对财务报告的及时上报和传达。

二、财务分析概述

（一）财务分析的意义

事业单位的财政管理工作，从编制单位预算到完成年度决算，是一个连续的工作。在此过程中，存在着各种管理环节，如预算管理、收入管理、支出管理、资产管理、专项基金管理、债务管理等。这些管理环节，使事业单位的财务管理工作紧密相连，成为一个有机的、统一的整体，但却无法全面反映出事业单位的财务管理工作的好坏、管理方法和措施的好坏，以及财务管理工作中的问题和成功的经验。为了掌握和了解上述这些情况，就必须进行财务分析。财务分析是财务管理工作的继续和深入，是整个财务管理工作的一项重要内容。

事业单位财务分析，是以财务报告和其他信息为基础，利用特定的手段，对事业单位的财务活动和结果进行比较、剖析和研究。通过对财务的分析，可以客观、公正地总结、评估事业单位财务工作中存在的问题，从而使财政管理工作得到进一步的改善，从而达到提高财政收支的社会效益和经济效益，从而推动财务工作的顺利进行。

财务分析是一项涉及面广、综合性强的管理工作。为了充分发挥财务分析在财务管理中的积极作用，必须做好以下两方面的工作：一是加强调查研究，在掌握与分析有关的大量财务及其他信息资料的基础上，进行客观、公正、实事求是的分析；二是既要对财务工作中的各种矛盾进行分析，又要把矛盾转化为利益。同时，我们也要从全局的角度来看待问题，既要看到成果和缺陷，我应该看到客观因素和主观因素，充分认识问题，把握问题实质，避免思想上的偏颇。

（二）财务分析的任务

事业单位财务分析的任务，取决于事业单位的基本任务和财务管理的特点。其基本任务是：通过单位预算编制与执行情况的分析，努力增收节支，花较少的钱，办更多的事，

促进各项任务的完成和事业计划的实现,不断提高事业经费支出的社会效益和经济效益。其具体任务是:

1. 促进单位认真贯彻执行党和国家的方针政策,保证各项任务和事业计划的完成

事业单位的预算、收入、支出等指标的落实,反映了党和国家的方针政策执行的成效。通过对事业单位的财务状况进行分析,可以看出各单位的财政状况是否与国家有关法律法规相一致,以及各单位的业务活动与业务发展的要求相一致,以便及时发现问题并采取相应的对策,使各单位能够更好地贯彻落实党和国家的方针政策,从财力上保证各单位所承担的各项任务和事业计划的完成。比如通过对文教事业单位财务收支的分析,可以检查了解各单位文教事业费的支出是否保证了科研、教育等亟需的资金和支出重点等,以保证党和国家教育方针政策的贯彻执行和社会主义现代化建设对人才的需求。

2. 促进单位加强预算管理

事业单位预算是国家预算的重要组成部分,各单位预算的编制与执行直接关系到国家预算编制的合理与否与顺利实现。为确保各单位的预算编制科学、实用,在编制预算之前,要对影响到下一年度财政收入的各种因素进行事前分析,以确保预算编制具有现实意义。科学的预算编制仅仅是一个开端,在实施过程中,难免会出现各种问题,所以,在实施过程中,还要对各种财政收支活动进行全面的评价,并对影响其实施的主客观因素进行研究,发现其与实际执行之间的差异,并及时采取相应的对策,排除各种不利因素,确保预算目标的顺利完成。

3. 促进单位增收节支,不断提高经费支出的社会效益和经济效益

各单位在一定时期内用于行政开支和业务支出的财力总是一个有限的量,而行政开支和业务支出对资金的需要往往又是无限的,特别是在我国经济发展水平还不很高,财力还比较紧张的情况下,这种矛盾还会长期存在。面对这种情况,一方面多方筹集资金,积极组织收入;另一方面精打细算,努力节约各项开支,确保工作任务完成和实现事业计划。通过对事业单位的财务状况进行分析,可以准确地了解单位人力、物力、财力等资源的使用状况,也就是如何提高企业的收入、减少企业的亏损和浪费。通过对这些问题的分析,提出具体的措施和方法,以便更好地改进和强化财政管理,不断发掘其潜能,拓展其社会服务范围,增加收入、减少消费、节省开支、少花钱、多办事,不断提高经费支出的社会效益和经济效益。

4. 促进单位严格执行财务制度,维护财经纪律

财务制度和财经纪律是一个单位进行各种财政活动的基础和准则,必须严格执行。通过对财务的分析,可以看出单位是否遵守了财务制度和财经纪律,比如,是否实行了国家的现金管理制度、费用支出的范围和标准;从而能够及时地发现单位的财政违规行为,规范公司的财务行为,使财务活动合理化、法制化,确保各部门的财务制度和财经纪律得到落实。

(三)财务分析的形式

事业单位财务分析的形式,根据其目的和要求的不同,可以采取不同的分析形式,但主要有以下几种:

1. 按分析的内容划分,可分为全面分析、部分分析和专题分析

(1)全面分析

全面分析是指对各部门的经济活动、财务状况进行详细、系统、综合的分析。它的功能是通过对大量的数据进行全面的研究,找出具有普遍意义和关键意义的财务问题,从而对各个单位的整体财政工作进行全面评估,并对未来的改善提出总体要求。所以,做好全面的综合分析,对整个社会的发展起到了很大的作用。通常情况下,当需要对工作进展进行全面的审查、吸取经验、评估预算的实施或有特别的紧急需求时,才会进行这样的分析。全面分析涉及范围广泛、工作量大、内容复杂,需要提前组织、充分准备,有计划有步骤地进行。

(2)部分分析

部分分析,是指对事业单位的某一部分经济活动和财务收支内容所进行的分析,如,为了掌握单位预算的执行情况,需要对预算收入和预算支出的执行情况进行分析;为了进一步搞好财产物资的管理工作,需要进行流动资产、固定资产、无形资产和对外投资的管理和使用情况的分析等。这样的分析能够评估各项预算的实施、各个领域的成果或其他工作是否存在问题,促进各单位加强和改进各方面的管理工作。

(3)专题分析

专题分析,是针对事业单位的特定问题,对其进行细致、深入的剖析。这是一种具有调查和研究性质的分析,具有很高的专业性。专题分析通常是针对不同阶段的财政工作重点来确定分析的对象、组织的力量、进行专项的调研、对现状的深入了解、对问题的解决,如人员、经费、公用经费的分析等。该方法问题聚焦、目标明确、效果显著,对解决一些关键问题、改进财务工作起到了积极的作用。

2. 按分析的时间划分,可分为日常分析和定期分析

(1)日常分析

日常分析,是指在日常的财务工作中,对突然发生的问题进行的分析。该方法具有很强的针对性,能使问题得到及时的发现和解决。它一般同专题分析形式结合运用。

(2)定期分析

定期分析,是按预先设定的时间间隔进行的分析,例如按会计年度、季度、月度进行分析或对行政工作和职业规划进行的定期分析。通过对一段时间内相关数据的分析,可以较为全面、系统地反映出各单位的经济状况和财政状况,对今后的财务工作也有一定的指导作用。它一般同全面分析形式结合运用。

3. 按完成分析的任务划分,可分为事前分析和事后分析

(1)事前分析

事前分析,是指在某个特定的经济活动之前,对各种指标的预测和分析,或在实施过程中,对可能发生的有利和不利的情况进行预测分析,从而采取实际的行动,解决问题。如,编制单位预算时对影响预算收支的各项因素进行的预测分析;实行企业化管理的单位对从事某项经营活动后,可能产生的社会效益和经济效益的预测分析等。事前分析对于编制科学的单位预算、判断预算指标完成的可能性,以及选择经济合理的行动方案等方面都具有重要的意义。

(2)事后分析

事后分析,是指在某项经济活动结束以后,对其执行过程及其结果进行的总结分析,如单位预算执行情况的分析、专用基金运用的收益分析等。通过对财务工作的总结,找出问题、发现问题根源、提出改进对策,从而提升事业单位财务管理工作水平。

4. 按参与分析的人员划分,可分为专业分析和群众分析

(1)专业分析

专业分析,是指财务部门、主管部门、单位在日常工作中,运用会计、统计等资料,对经济活动和财务收支情况进行分析。这样的分析应该按时完成。如果会计部门按时对其财务状况进行分析,以便上级主管部门、财政部门了解其工作状况和问题,本单位及时采取相应的措施,改进财务管理工作。

(2)群众分析

群众分析是指由单位组织全体员工,根据自己的工作特点,对财务活动进行分析。开展群众分析,是财政工作中党的群众路线的具体体现,是实施民主理财的一个重要环节。职工群众是直接承担工作任务和业务活动的主体。他们最了解自己的部门,也最了解问题的起因。所以,进行财务分析,要依靠群众、发动群众、调动群众的积极性,才能不断地提高分析的质量。

由此可以看出,不同的财务分析方式,都是有其功能作用的。财务分析要根据不同的目的、不同的需要,因人而异,因地制宜地采取不同的分析形式,把这些形式结合起来,互相补充,从而使单位从不同角度全面、正确地评价其财务工作。

(四)财务分析的程序

为了保证财务分析工作的顺利进行,进行财务分析应按一定的程序开展工作。其基本程序如下:

1. 制订分析计划

制订分析计划,以确保分析工作有目的、有步骤地进行,避免盲目地进行,从而降低分析工作的质量和效果。在分析计划中,事业单位要确定分析的目的和范围、分析的重点、分析的组织分工、进度安排、资料来源等。在制订了分析计划后,要按照计划进行分析,并对分析中的具体情况进行调整,确保分析工作的质量和效果。

2. 收集资料,掌握情况

掌握真实、系统、完整的质量及情况,是做好财务分析的重要依据。资料包括会计数据、统计数据和经营数据,如会计报告、账簿、凭证等;工作计划、事业发展计划、单位预算等计划材料;单位预算数据、人员定额数据;各种收费标准、费用标准和财政法规;其他材料,如工作记录,会议记录,相关文件和指示。同时,还要对所搜集到的各类数据进行核实、加工、整理,使原始数据真实、正确,从而为分析提供真实、可靠的基础,确保分析结果的准确性。

3. 对比研究,揭露矛盾

对比研究是根据已查证的数据,从各个角度对财务活动的各个指标与预算、定额等进行比较,找出差别,揭示矛盾。通过这种方式,可以清楚地认识需要深入剖析的问题,找到问题的根源,同时也为改进和提升财政管理工作提供方向和方法。

4. 抓主关键，分析总结，提出措施

通过对比研究揭示的矛盾，常常是现象和数量上的不同。这是认识单位财务工作的必要和基础，但也只是初步的、一般的。单位在对财务工作的实质问题进行分析时，应从诸多因素、诸多原因中抓住最主要与最关键的问题，并对其进行深入、全面的剖析和总结。对于存在的问题，通过分析研究，要提出解决问题的具体措施和办法，使问题及时地加以解决，以进一步加强和改进财务管理工作，促进工作任务和事业计划的完成。

5. 编写分析报告

在完成了以上四个分析环节后，还要对各个方面的分析状况进行全面的总结和概括，并撰写一份分析报告。分析报告要有充分的证据，有明确的观点，有明确的财务管理成果，总结出成功的经验，找出问题和原因，提出有针对性的改进措施，提供给单位领导和上级管理机构，作为有关方面采取措施，加强和改进财务管理工作的依据。

三、财务分析的方法和内容

（一）财务分析的方法

事业单位在财务分析中常用的方法主要有以下几种：

1. 比较分析法

比较分析法又称为对比分析法，简称比较法。该方法是利用两个指标的数值进行比较，来揭示两者之间的差别，从而揭示矛盾，找到解决问题的途径。在财务分析中，要找到两者之间的差异，就可以区分节约和浪费、先进和落后、成绩和缺点。在财务分析实践中，采用了三种方法进行比较分析：

与预算（计划）的实际完成数量进行对比。通过将实际完成数量和预算（计划）进行对比，能够反映出各单位的预算执行状况，并指出实际和预算之间的差距，从而为下一步的分析指明了方向。进行这样的比较时，单位一定要考虑到预算指标是否合理。

本年度的实际数与以前的实际数进行比较。当前的实际数与前期的实际数据相比较，是一种类似的指标之间的动态对比，它能反映出各方面的发展和演变趋势，从而掌握各种因素的运动变化规律。另外，对没有编制预算（计划）的指标，应将当前的实际数和以前的实际数相对照，以发现差距，汲取经验，改进工作。

本期实际数与同类事业单位特别是先进单位的同类指标比较。这是一种同类指标的横向比较。通过这种比较，可以在更大范围内发现先进与落后的差距，学习先进单位的经验，鞭策本单位向先进单位学习，对本单位财务管理工作起到借鉴和促进作用。

采用比较法进行分析，在指标的内容、计价、时间、计算方法等方面，要特别重视指标之间的比较。同时，也要考虑工作条件、技术条件等方面的影响，否则，分析结果的准确性将受到很大的影响。

2. 因素分析法

因素分析法，又称为"连环代换法"或"连锁代换法"。这是一种综合制备，由多项因素组成，以预算（计划或以前、历史最好水平等）为基础，假设其他因素不变，则将各因素的实际数量依次取代技术，以确定各因素变化对综合指数整体差异的影响程度。

在事业单位的各种经济指标中，某些指标是综合的，例如，事业单位的公用费，受行政、邮电、水电费等方面的影响；学生人数、每人享受标准、在校月份等因素对学校的资助有一定的影响；在单位经营中，利润受成本、价格、税费等因素的影响。事业单位要分析公务费用、助学金、利润等指标的变化，就需要将其分解成各种要素，并对其进行分析。若影响综合指数的因素是由其他因素所决定的，则需要将其分解成较小的因素，以确定各因子对综合指数的影响。这样可以明确各个因素对综合指数的影响，从而明确其影响的范围，采取相应对策，发掘潜能，提高工作水平。

运用因素分析法时，应注意以下两个问题：

第一，确定影响综合指标的各因素，必须与综合指标客观上存在着因果关系。如上例把影响材料费用总额的因素分解为产量、单位产品材料耗用量、材料单价三个因素，通过进一步分析就能比较客观地反映材料费用总额变动的原因。

第二，必须确定合理的替代顺序。因素分析方法在分析一个变量变化对综合指数的影响时，假设其他变量是恒定的。如果这个情况发生了变化，也就是每个因素的替换次序发生了变化，那么即使是相同的因素，由于替换顺序的变化，也会产生不同的效果。所以，事业单位在进行分析时，要从各种可能的选择顺序中找出合适的选择顺序。其基本原理是：先量后质；以实物量、劳动量为代表的要素，以货币为代表的价值因素；首先是主要因素、原始因素，然后是次要因素、派生因素。这就是要从各因素的相互依赖关系入手，这样才能更好地区分企业的经济责任，并为进一步加强单位的财务核算、强化单位的经营管理提供依据。

3. 差额分析法

差额分析法是一种简化的因素分析方法。该方法首先求出各个因素的实际数和基数的差值，再根据某些替换思想，直接求出各个因子变化对总体指数的影响程度。

差额分析法与因素分析法的分析计算结果是相同的，但比因素分析法更直接、简便。既然它是因素分析法的一种简化形式，运用时就必须遵循因素分析法在进行因素分解、替代顺序等方面的要求，否则，同样会影响分析结论的正确性。

4. 相关分析法

相关分析法是根据财务活动过程中有关指标间的相互联系、相互依存的关系，分析研究相关因素间实际关系发展变化情况的一种分析方法。如把各事业单位任务或事业计划的完成情况与预算支出的执行情况相比较，以衡量各单位经费支出的数额是否与事业任务或事业计划的完成进度相适应；将单位经营收入、业务收入、附属单位上缴收入、其他收入的总和与总支出的比较来衡量单位的经费自给率高低；它是用来衡量事业单位使用债权人的资金进行经营活动的能力，也是反映出债权人对其资金的安全性的保证。

5. 结构分析法

结构分析法也称构成分析法。它是通过计算某项经济指标的各个组成部分占总体的比重，以分析其构成及其变化是否合理的一种分析方法。如，通过人员支出比率和公用支出比率的分析，可以衡量单位业务支出的构成是否合理，并为进一步分析指明方向；再如，通过对实行企业化管理单位利润总额构成的分析，可以寻求增加利润，提高社会效益和经济效益的途径等。

(二)财务分析的内容

事业单位财务分析的内容,是由各单位财务活动的环节及其过程决定的。其具体内容包括以下几个方面:

1. 预算执行情况的分析

事业单位的预算是依据事业发展计划、任务、组织机构设置、人员编制、国家规定的各项收入和支出标准、财政管理工作的水平而编制的。对财政预算的执行状况进行全面的总结,并对其进行详细的分析:

一是分析研究工作任务、工作计划变化对预算绩效的影响。由于单位预算与工作任务、事业计划紧密相连,工作任务和事业计划的变化,势必会影响到单位的预算。这一变动对预算的实施有多大的影响,一定要从工作量的增加和减少、工作重心的改变、事业计划和其他业务指标的增减变化等方面进行深入的研究和分析,从而判断出预算执行的主观和客观的因素,从而做出合理的评价。

二是分析和研究国家的政策和重大的经济政策对财政收支的影响。国家制定的各种政策、法律、法规、重大的经济改革举措,都与单位预算的执行息息相关。例如,经济调整、物价调整、职工工资水平调整、加大财政支出力度,都会对单位预算的落实产生一定的影响。在财务分析中,只有对各项政策的实际效果进行分析,才能判断出各项政策对单位预算执行的影响。

三是分析财政管理工作的优劣对财政绩效的影响。在预算编制中,一个单位的财政管理工作水平是另一个影响其绩效的重要因素。科学、合理、有效地进行财务管理,能有效地推动预算目标的实现;反之,将会对预算目标的实现产生直接的影响。这一点的分析,就是要对财政工作采取的措施和方法进行分析,分析哪些是合理的、科学的;哪些是成功的,有益的;哪些是不够完善的,需要进一步改进的,以及采取了这样或那样的管理措施和办法对单位预算执行产生了什么样的影响,取得社会效益和经济效益有多大。通过对财务管理工作中所采取的办法、措施的分析,有利于发现管理中的薄弱环节,并采取措施,加以改进。

在预算执行分析中,只有将上述三方面的分析结合起来,才能全面真实地反映单位预算的执行情况。

2. 预算收入项目的分析

事业单位的收入所涉及的内容和项目较多。它既包括从财政部门取得经费补助的收入和从上级部门取得的上级补助收入,也包括在开展工作和进行业务活动以及从事生产经营活动过程中,提供服务或产品取得的收入等。对于收入项目分析的主要内容是:

对从财政部门获得的补助收入和上级部门的补助收入,应着重分析其是否按时、足额地发放以及变动的原因;

对各部门在经营和业务活动中所获得的收入,主要分析其是否符合国家相关法律法规,是否存在私自增加费用的情形;

对应上缴国家的预算收入,要认真分析是否按时足额上缴,是否存在截留、挪用、坐支等问题;

对应收取的各类费用,要分析其是否及时、正确、足额地收取,是否存在多收、少收、错收、漏收或各类业务活动是否与业务量相符;

分析各种收入与有关开支之间的关系，有没有隐瞒、少计、转移、不计入单位预算等；

在事业单位经营中，重点分析经营收入、利润等指标的实现状况，分析各种因素的变动情况。

3. 预算支出项目的分析

由于事业单位的类型较多，各单位预算中支出预算的内容也不尽相同，因此，不同的事业单位进行预算支出项目分析的重点也就不同。概括起来，事业单位的预算支出项目分析，一般包括以下几个方面：

分析各类支出是否按预算、按规定用款，是否有计划外支出，是否擅自提高支出标准，扩大支出范围等。

分析各种资金的利用情况，在人事经费的使用上，有没有违反国家规定的行为，私自加薪、提高各项补助，有没有违规设立结构、超编人员而增加的工资支出等；公用资金使用中有没有超出维修标准进行基建，设备购置内属于社会团体购买力管制的商品审批程序是否齐全；经营费用支出，是否超出了事业单位的经营范围；公务费用是否按规定支出，是否存在公款宴请送礼、乱发财物、贪污盗窃、浪费国家资财等。

分析经费支出的社会效益和经济效益。

实行企业化管理的单位，支出的内容比较复杂，但最主要的是成本费用支出，包括直接材料、直接工资、财务费用和销售费用等。对于这些支出，应主要分析是否符合国家规定的成本开支范围和费用开支标准，有无乱摊乱挤成本费用的现象，以及成本费用升降变化的原因等。

4. 财产物资管理和使用的分析

财产物资管理和使用的分析，包括流动资产、固定资产、无形资产、外部投资等的分析，主要是分析在这些方面投入（占用）的资金手续是否完整、数量是否合理、利用是否充分、是否存在积压浪费。财产物资的采购、验收、入库、保管、报损、报废、调拨、变卖等工作程序是否完善。

5. 负债的分析

事业单位的负债分析，要重点分析其各种负债的来源是否符合相关法规，以及其规模和组成的合理性。事业单位在使用借用资金进行组织单位事业收入和营业收入时，要特别注意严格控制其规模，防止到期时不能偿还，不仅会影响到债权人的利益，也会影响单位正常业务工作的开展。

6. 专用基金的分析

专用基金的分析包括修购基金、职工福利基金、医疗基金等各种专用基金来源和使用的分析，主要分析其是否按规定的来源渠道和比例计提形成，是否坚持专款专用的原则。

（三）财务分析报告的编写

根据分析计划，对各部门的财务活动进行逐项分析，并将分析结果整理、归纳、总结，形成书面的财务分析报告，供上级部门、财政部门和其他相关部门参考，以便及时掌握单位的财务活动和财务收支状况，从而积极采取措施，有效利用人、财、物资源，全面提高单位的财务管理水平，推动工作任务和工作计划的顺利完成。

财务分析报告的编写，可以不拘形式，只要分析总结出的情况真实、说明清楚、措施具体、简明扼要即可。一般常用的编写方法有以下两种：

1. 指标顺序式的编写方法

指标顺序式的编写方法，是指按编制单位预算（计划）的顺序，逐条编制分析报告。比如，编制单位财政收支预算分析报告时，可以先对各种收入项进行分析，然后对各种支出项进行分析。通过该编制方法，能够较为详尽地反映出各个指标的变动状况和影响因素。但是，在写的时候，单位要避免用数字来表示，也不要把它写成一个表格的指示。如果在归纳、总结某个收入指标的结果时，单位除了要描述其完成情况外，还要总结影响该收入的各种因素，并提出相应的问题和建议。

2. 总结报告式的编写方法

总结报告式的编写方法，是以一般工作小结或报表的形式，把单位的财政状况和结果，以书面形式写成的概要报告。总体上，大多数编写方式是：单位从财务管理的总体上，列出财务管理的主要结果，简要说明财务管理的主要目标，分析当前财务状况的重大变化和影响的大小，概括总结，评价财务管理的经验，指出财务管理的重大问题，提出相应的对策和改进意见。

总之，财务分析报告的编写方法没有固定的模式，主要应根据分析的目的和要求，简明扼要，通俗易懂，条理分明地把分析的结论、措施和建议说清楚就行。

第二节 财务报表审计的目标与流程

一、财务报表审计的目标

财务报表审计是一项传统的核心业务。财务报表审计是指注册会计师对其财务报表是否有重大差错提供合理的保证，并通过正面的方法，提高非管理层以外的目标用户对其财务报表的信任程度。

(一)财务报表审计的总体目标

在执行财务报表审计工作时，审计人员的总体目标是：就财务报表中是否有因欺诈或差错而产生的主要差错而得到合理的保证，从而使审计人员能就其在各主要方面是否符合可采用的财务报告编制基础编制进行审计，并发表意见；依据审核标准，编制审计报告，并与单位管理层及治理层进行沟通。该目标也是财务报表审计的总体目标。

对于财务报表审计的总体目标，需要理解以下几个方面：

1. 舞弊或错误导致的重大错报

错报是指会计报表项目的金额、分类、列报和披露，与财务报告编制基础所列出的金额、分类、列报和披露等方面的差别。错报可以归因于错误和舞弊。错误和舞弊的不同之处是，造成财务报告的差错是有意的，还是无意的。在对所识别的错误报告进行评估时，注册会计师应该使用重要性的概念。要求财务报表在各方面都是完全正确的，这既不切合实际，也没有必要，所以，在重要性的基础上，注册会计师只能对财务报表中的主要方面发表意见。

2. 合理保证

合理保证是指在审计中所能提供的一种较高但不是绝对的担保。

一方面，合理保证是一种很好的保障。如果取得足够的、适当的审计证据，把审计的风险降到可以接受的较低的程度，那么，审计的结果就是非常可靠的，而且是非常合理的。另一方面，合理保证不一定是绝对的。由于内部审计具有内在的局限性，所以审计人员仅能提供合理的保证，而无法提供绝对的保证。

3. 适用的财务报告编制基础

财务报告的编制基础是法律法规所要求的财务报告编制基础，或者在编制财务报告时，管理层和治理层对被审计单位的性质和财务报告的目的所采用的可被大众接受的财务报告编制基础。

财务报告的编制基础可分为一般用途和专用用途两种。一般用途的编制是为了满足广大的财务报告使用者对财务信息的普遍需要而制定的财务报告编制基础。专用用途的编制是为了满足财务报告的具体使用者对财务信息的需要，包括会计核算基础、监管机构的报告、合同的约定等。

4. 与管理层和治理层沟通

治理层是对被审计单位的战略方向和管理层履行其经营管理责任的人员或组织，治理层的责任是对其进行监督。管理层是对被审计单位的经营活动实施有管理责任的个人或组织，负责编制财务报告，并受治理层监督。

通过与管理层及治理层的沟通，可以让他们明白在审计报告中所提到的特殊问题的本质，并有可能在需要时做进一步的说明。

（二）管理层认定

1. 管理层认定的含义

认定，是管理层在财务报告中所做的清楚或暗示的表述，使用它来考虑各种可能出现的潜在错报。

如果管理层宣布财务报告已经根据适用的财务报告编制基础编制并在各个重要方面做出公允的反应，则说明管理层对财务报告的各个构成要素的确认、计量、列报和披露做出了确认。

例如，被审计单位管理层在资产负债中列报："存货……3000万元"

意味着管理层做出了以下认定：

记录的存货是存在的。虽然管理层并未明确说出这句话，但既然已经入账并且最终反映在财务报表上，那就表明存货是存在的，这是理所当然的。

存货记录的金额是恰当的。具体而言，所有存货的计价是准确的，应该要计提的减值损失都已经充分计提，这是管理层应该要做到的。

所有的存货均已记录。反映在财务报表中的存货当然应该是企业全部的存货，没有应当入账而未入账的存货。

所有记录的存货都属于被审计单位所有。所有权不属于被审计单位的存货当然不能反映在被审计单位的账面上，换而言之，所有已经记录的存货都属于被审计单位所有。

2. 管理层认定的分类

（1）与所审计期间各类交易和事项相关的认定

审计人员对所审计期间的各类交易和事项运用的认定通常分为下列类别：

发生：记录的交易或事项已发生，且与被审计单位有关。

完整性：所有应当记录的交易和事项均已记录。

准确性：与交易和事项有关的金额及其他数据已恰当记录。

截止：交易和事项已记录于正确的会计期间。

分类：交易和事项已记录于恰当的账户。

（2）与期末账户余额相关的认定

对期末账户余额运用的认定通常分为下列类别：

存在：记录的资产、负债和所有者权益是存在的。

权利和义务：记录的资产由被审计单位拥有或控制，记录的负债是被审计单位应当履行的偿还义务。

完整性：所有应当记录的资产、负债和所有者权益均已记录。

计价和分摊：资产、负债和所有者权益以恰当的金额包括在财务报表中，与之相关的计价或分摊调整已恰当记录。

（3）与列报和披露相关的认定

确认各类业务和事项，并确认账户余额，仅仅是为财务报表提供了基础。另外，审计单位不符合信息披露要求，也可能导致误报。此外，由于被审计单位不符合某些特定的披露要求，也会造成财务报表的误报。所以，尽管审计人员对各种交易、账户结余的确认进行了审计，从而达到了特定的审计目的，但并不代表能够为财务报表提供足够的审计依据，还应对各类交易、账户余额和有关事项进行审计。

对列报和披露运用的认定通常分为下列类别：

发生以及权利和义务：披露的交易、事项和其他情况已发生，且与被审计单位有关。

完整性：所有应当包括在财务报表中的披露均已包括。

分类和可理解性：财务信息已被恰当地列报和描述，且披露内容表述清楚。

准确性和计价：财务信息和其他信息已公允披露，且金额恰当。

（三）审计的具体目标

审计的具体目标是为了对特定的审计内容进行审计所要实现的目标。具体审计目标与认定有直接关系，而注册会计师的首要任务就是判断被审计单位的管理层对其财务报表的判断。对于不同的报表项目，判断情况是不同的，注册会计师了解了认定，就可以轻松地确定每一个项目的审计目标。例如有些报表项目容易虚增，即管理层很可能违背"发生"或者"存在"认定，则注册会计师针对该报表项目确定的具体审计目标主要就是验证其"发生"或者"存在"认定。

1. 与所审计期间各类交易和事项相关的审计目标

(1)发生

从发生的认定中得出的审计目标就是要证实所记载的交易是真实的。比如,如果一个销售交易没有发生,但是它却存在于一个销售日志中,那么就违反了该目标。

在进行确认时,要处理的问题是,管理层会不会将未发生的事项纳入财务报表中,它主要与财务报表组成要素有关。

(2)完整性

通过完整性认定得出的审计目标是要证实所作的交易的确已被记录下来。比如,如果销售业务已经完成,但是销售明细账和总账都没有被记录下来,那么则违反了该目标。

发生和完整性强调的是两个不同的问题。发生目标是指可能存在的估值过高情况,而完整性目标是指漏记的交易(估值过低)。

(3)准确性

由准确性认定推导出的审计目标是确认已记录的交易是按正确金额反映的。

例如,如果在销售交易中,发出商品的数量与账单上的数量不符,或是开账单时使用了错误的销售价格,或是账单中的乘积或加总有误,或是在销售明细账中记录了错误的金额,则违反了该目标。

准确性与发生、完整性之间存在区别。例如,若已记录的销售交易是不应当记录的(如发出的商品是寄销商品)则即使发票金额是准确计算的,仍违反了发生目标。再如,若已入账的销售交易是对正确发出商品的记录,但金额计算错误,则违反了准确性目标,没有违反发生目标。在完整性与准确性之间也存在同样的关系。

(4)截止

由截止认定推导出的审计目标是确认接近于资产负债表日的交易记录于恰当的期间。例如,如果本期交易推迟到下期,或下期交易提前到本期,均违反了截止目标。

(5)分类

由分类认定推导出的审计目标是确认被审计单位记录的交易经过适当分类。例如,如果将现销记录为赊销,出售经营性固定资产所得的收入记录为营业收入,则导致交易分类的错误,违反了分类目标。

2. 与期末账户余额相关的审计目标

(1)存在

由存在认定推导的审计目标是确认记录的金额确实存在。例如,如果不存在某顾客的应收账款,在应收账款明细表中却列入了对该顾客的应收账款,则违反了存在目标。

(2)权利和义务

由权利和义务认定推导出的审计目标是确认资产归属于被审计单位,负债属于被审计单位的义务。例如,将他人寄售商品列入被审计单位的存货中,违反了权利目标;将不属于被审计单位的债务记入账内,违反了义务目标。

(3)完整性

由完整性认定推导的审计目标是确认已存在的金额均已记录。例如,如果存在某顾客的应收账款,而应收账款明细表中却没有列入,则违反了完整性目标。

(4)计价和分摊

资产、负债和所有者权益以恰当的金额包括在财务报表中，与之相关的计价或分摊调整已恰当记录。

3. 与列报和披露相关的审计目标

(1)发生以及权利和义务

将没有发生的交易、事项，或与被审计单位无关的交易和事项包括在财务报表中，则违反了该目标。

(2)完整性

如果应当披露的事项没有包括在财务报表中，则违反了该目标。例如，检查关联方和关联交易，以验证其在财务报表中是否得到充分披露，即是对列报的完整性认定的运用。

(3)分类和可理解性

财务信息已被恰当地列报和描述，且披露内容表述清楚。例如，检查存货的主要类别是否已披露，是否将一年内到期的长期负债列为流动负债，即是对列报的分类和可理解性认定的运用。

(4)准确性和计价

财务信息和其他信息已公允披露，且金额恰当。例如，检查财务报表附注是否分别对原材料、在产品和产成品等存货成本核算方法做了恰当说明，就是对列报的准确性和计价认定的运用。

(四)认定、审计目标和审计程序的关系

通过上面介绍可知，认定是确定具体审计目标的基础。针对交易和账户分解管理层认定的目的在于确定审计目标，而不同项目的审计目标是不一样的，比如，资产主要侧重于确认存在与否，负债则主要侧重于确认完整与否。注册会计师相应地确定一项或多项审计目标，然后通过执行审计程序获取充分适当的审计证据，以实现审计目标。

二、财务报表审计流程

财务报表的审计流程也就是审计目标的实现过程，风险导向审计模式要求注册会计师在审计过程中，以重大错报风险的识别、评估和应对作为工作主线，因此风险的识别、评估和应对是财务报表审计的主要工作。普通工作的流程分为计划、实施和完成三个阶段，财务报表审计同样也可分为以下几个阶段：审计计划阶段、审计实施阶段、审计完成阶段。

(一)审计计划阶段

审计计划阶段的主要内容包括：实施初步业务活动、制订审计计划。

1. 实施初步业务活动

会计师事务所在承接业务前，需要开展初步业务活动，以决定是否接受委托。初步业务活动的内容包括：针对保持客户关系和具体审计业务实施相应的质量控制程序；评价遵守职业道德规范的情况；就业务约定条款达成一致意见，并签订审计业务约定书。

初步业务活动的主要目的是判断能否承接业务或保持客户关系，包括接受新客户的

业务、保持现有业务和接受现有客户的新业务。简单而言，在作出判断时应该考虑业务的双方，即客户和注册会计师。首先，客户是否诚信；其次，注册会计师是否具备执行业务所需的素质、能力、时间和资源；最后，彼此之间是否具有独立性。

站在事务所的角度，很容易评价自身的状况，因此重点在于客户的诚信。因此，签订审计业务约定书之前，注册会计师应了解被审计单位基本情况，初步调查相关内部控制制度，初步确定审计风险。例如，如果注册会计师发现潜在客户正面临财务困难，或者发现现有客户曾作出虚假陈述，那么可以认为接受或者保持客户关系的风险非常高，甚至于无法接受。此时应该慎重考虑能够承接业务或继续保持客户关系。

如果决定接受业务或者保持客户关系，注册会计师应当确定客户不存在对审计业务约定条款的误解，签订审计业务约定书。签订审计业务约定书之后，注册会计师的工作进入审计计划阶段。

2. 制订审计计划

审计工作是一个系统的过程，如果没有恰当的计划，不仅会影响审计的效率，也会导致无法获取充分、适当的审计证据，影响审计的效果。为了保证审计目标的实现，注册会计师必须在执行审计程序之前，制订审计计划，对审计工作进行科学合理的安排。

审计计划包括两个层次，即总体审计策略和具体审计计划。总体审计策略用以确定审计范围、时间和方向，并指导制订具体审计计划；具体审计计划主要针对风险评估和风险应对。需要指出的是计划审计工作并不是一个孤立阶段，而是一个持续的、不断修正的过程，贯穿于整个审计过程的始终。

（二）审计实施阶段

在风险导向审计模式下，审计实施阶段的主要工作是进行风险评估和风险应对。

1. 风险评估

风险评估是指注册会计师在了解被审计单位及其环境的基础上，实施风险评估程序，以识别和评估财务报表层次及认定层次的重大错报风险。风险评估程序是指注册会计师为了了解被审计单位及其环境并识别和评估重大错报风险而实施的审计程序。风险评估程序是必要的审计程序。

正如对所有事物的认识规律一样，注册会计师对于被审计单位的了解也是一个逐渐深入的过程，因此，重大错报风险的评估是一个连续且动态地收集、更新与分析信息的过程，贯穿于整个审计过程的始终。

2. 风险应对

针对风险评估的结果，注册会计师要进行风险应对，这是审计工作的主体。风险应对的主要内容包括：

针对评估的财务报表层次的重大错报风险，确定总体应对策略。

针对评估的认定层次的重大错报风险，设计和实施进一步审计程序，以将审计风险降低至可接受水平。

进一步审计程序一般按照业务循环来进行，包括控制测试和实质性程序。注册会计师设计和实施的进一步审计程序的性质、时间和范围，应与评估的认定层次的重大错报风险具备明确的对应关系。

需要注意的是，审计计划阶段和审计实施阶段并没有绝对的界限，很多工作往往是穿插在一起的。

(三)审计完成阶段

注册会计师完成了财务报表所有业务循环的进一步审计程序之后，还应当考虑没有体现在业务循环的特殊项目的审计；完成特殊项目的审计之后，注册会计师要确定对于风险的评估是否适当，获取的审计证据是否充分，是否足以形成最终的审计结论。总体而言，审计完成阶段的工作包括但不限于以下内容：

特殊项目审计，包括期后事项的审计或有负债的审计、持续经营假设的审计、比较数据的审计、关联方和关联方交易的审计等；

编制审计差异汇总表并完成试算平衡；

获取管理层声明和律师声明书；

完成审计工作底稿的复核、评价审计结果；

撰写审计报告；

与被审计单位管理层沟通后确定审计意见类型和审计报告措辞，根据需要出具管理建议书。

第三节 事业单位财务监督

一、财务监督的概念、意义和要求

(一)财务监督的概念

事业单位财务监督，是事业单位利用价值形式对事业单位的财务收支活动、业务活动以及生产经营活动进行的控制与调节。财务监督是财务管理工作的内容之一。

财务监督是通过对财务收支指标的控制与调节，对违反法律、法规和合同的行为加以制止。其目的在于使事业单位严格执行党和国家的有关法律制度，促进增收节支，规范单位的财务行为，杜绝不合理的开支，提高经济效益，全面完成国家计划。

(二)财务监督的意义

事业单位财务监督，对于事业单位严肃财经纪律，积极组织收入，努力节约开支，促进单位提高资金使用效益，为国家经济建设服务具有重要的意义。

1. 财务监督是经济建设的需要

事业单位通过本身的业务活动，为经济建设创造必要的政治条件和社会条件，培养建设人才，为国民经济提供科学技术研究成果，为人民群众提供健康保障，同时也是人民生活、娱乐、休息以及提高文化水平和劳动技能等方面的必要条件。通过事业单位财务监督，促进事业单位做好自身工作，保证完成事业计划，为经济建设创造必要的条件。

2. 保证党和国家的方针政策的贯彻执行和预算的实现

事业单位财务的一收一支,都体现着党和国家的方针政策,关系到国家经济建设和人民群众的切身利益。通过财务监督,能促使单位严格执行计划,按规定办事,纠正和制止违法乱纪行为,保证党和国家的方针政策的贯彻执行。

3. 发扬党的优良传统

党在长期的革命斗争中,已经形成了厉行节约,勤俭办一切事业的优良传统和作风。保持和发扬这种优良传统和作风,是关系到社会主义事业建设成败的大事。通过财务监督,坚决揭露和制止、纠正事业单位中存在的铺张浪费、以权谋私、行贿受贿等不正之风,对于发扬党的优良传统和作风,严肃财经纪律,维护国家利益,是十分必要的。

4. 提高财务管理水平

通过财务监督,能够深入地了解经济政策的贯彻情况,经济指标的执行情况,了解单位工作的成绩、缺点以及规章制度的完善程度和薄弱环节,促使单位加强管理,提高财务管理水平。

(三)财务监督的要求

财务监督必须在单位的统一领导下,依靠群众,借助单位预算,会计核算、分析和检查等方法来进行。具体要求如下:

1. 实事求是

实事求是是我们党一贯的优良传统,也是财务监督工作的根本要求。实事求是就是对于检查中发现的问题,必须如实地、正确地、全面地反映和汇报。检查出的差错和舞弊行为要真实,数字要准确,不能随意扩大或缩小,不隐瞒。对于违法乱纪、搞特权、铺张浪费以及腐败等现象,要敢于批评、抵制和斗争。

坚持实事求是,还必须深入实际,反复进行调查研究,到现场进行监督检查。对于检查中发现的问题,不能轻率地作出结论,必须把问题搞清楚,做到有证有据,证据确凿。

2. 具体问题具体分析

在开展财务监督工作中,既要坚持实事求是的原则,又要具体问题具体分析。发现了问题,要及时解决。要对问题的性质以及错误的事实、情节、原因、后果、背景等做到具体分析研究,根据问题的大小、轻重程度、性质和政策规定,提出处理意见。一般来说,由于制度不明,管理不善,在执行中造成的浪费和损失问题,应吸取经验教训,改善和健全制度,加强管理和宣传教育。对于严重的浪费、违法乱纪、贪污盗窃等问题,应报请有关部门严肃处理。对于行贿受贿等构成刑事犯罪的重大案件,要报请司法检察机关依法处理。

二、财务监督的内容

财务监督是财务工作的一个重要组成部分,它与财务管理相辅相成。要搞好财务管理,必须进行监督,监督的结果,又促进了财务管理。财务管理的内容基本上都是财务监督的内容。

(一)对单位预算编制和执行情况的监督

对单位预算编制和执行情况的监督,应该根据被检查单位的特点,按照其财务收支

的具体内容,结合检查的目的和范围,确定检查监督的重点。它主要从以下几个方面进行:

事业单位预算的编制,是否符合党和国家的方针政策、规章制度、事业发展计划和各项定员定额的要求;是否坚持了量入为出、收支平衡的原则;财务收支计划及预算外收支计划的内容是否真实可靠;规定编制的项目如财政补助收入、上级补助收入、经营收入、附属单位上缴收入和其他收入以及事业支出、经营支出、对附属单位补助支出和上缴上级支出是否全部列入预算;在收入方面是否打足;支出方面是否贯彻了厉行节约的原则,是否留有缺口;是否有超出支出范围、提高标准的现象。

在预算执行过程中,预算执行进度与事业计划进度是否一致。

(二)对收入方面的监督

大多数事业单位具有非生产性的特点,不直接从事物质资料的生产、交通运输和商品流通活动,一般来说,没有收入。但是,有一部分事业单位通过有偿服务活动和生产经营活动,可以取得一定的事业收入和经营收入。尽管这部分收入很少,但政策性很强,必须加强监督。其监督的主要内容是:

是否依法积极组织收入;各项收费是否符合国家的收费政策和管理制度;是否做到应收尽收,有无超收的情况。

对于按规定应上缴国家的收入,是否及时、足额上缴,有无拖欠、挪用、截留、坐支等情况。

事业单位的各项收入是否全部纳入单位预算,统一核算,统一管理。如从财政专户核拨回来的预算外资金是否纳入单位预算;有无将不同的预算资金错记、乱记的现象。

事业收入与经营收入是否划清楚;对经营、服务收入,是否依法缴纳税款。

(三)对支出方面的监督

对事业单位支出方面的监督是财务监督的重点。因为,事业单位的资金,主要由财政拨款。它是事业单位完成工作任务和事业发展计划的财力保证。而事业单位这些资金运用如何,效果如何,主要由财务支出体现。其监督的主要内容是:

各项支出是否按照国家规定的用途、开支范围、开支标准使用;支出结构是否合理;有无随意开支、乱支乱用的现象。

各项支出是否精打细算,厉行节约,讲求经济效益;有无进一步压缩的可能。

基建支出与事业经费支出的界限是否划清楚,有无基建支出挤占事业经费的现象;应由个人负担的支出,有无由单位负担的情况;是否划清事业支出与经营支出的界限,有无将应列入事业支出的项目,列入经营支出或将应列入经营支出的项目列入事业支出;事业支出与对附属单位补助支出和上缴上级支出的界限是否划分清楚。

(四)对专用基金的监督

专用基金的提取,是否按国家统一规定或财政部门和事业主管部门的规定执行;各项专用基金是否按规定的用途和范围使用,有无互相占用、挪用的现象;专用基金计划是否做到量入为出。

修购基金有无超出支出范围用于其他方面的情况;所购仪器设备能否产生社会效益

和经济效益,有无盲目采购造成设备和资金浪费的现象。

职工福利基金是否按主管部门和财政部门的规定提取,有无随意提高职工福利基金的提取比例、滥发奖金等情况。

医疗基金是否按当地财政部门规定的公费医疗经费开支标准提取;其他基金的提取设置是否按国家有关规定执行。

(五)对资产的监督

是否按国家规定的现金使用范围使用现金;库存现金是否超过限额,有无随意借支、非法挪用、白条抵库的现象;有无违反现金管理规定,坐支现金、私设"小金库"的情况。

各种应收及预付款项是否及时清理、结算;有无本单位资金被其他单位长期大量占用的现象。

各项存货是否完整无缺,各种材料有无超定额储备、积压浪费的现象;存货和固定资产的购进、验收、入库、领发、登记手续是否齐全,制度是否健全,有无管理不善、使用不当、大材小用、损失浪费,甚至被盗的情况。

存货和固定资产是否做到账物相符、账实相符;是否存在有无账无物、有物无账等问题;报废、转让是否符合国家财经制度;是否经过有关部门进行审批。

是否依法合理利用无形资产;已入账的无形资产能否为单位带来经济效益;有无侵权行为。

对外投资是否经国有资产管理部门和财政部门批准;有无对外投资影响到本单位完成正常的事业计划的现象;以实物、无形资产对外投资时,评估的价值是否正确。

(六)对负债方面的监督

负债水平是否合理,负债规模是否适宜,负债来源是否符合有关规定;有无规模过大影响到事业单位正常业务工作的开展的情况。

对各项负债是否及时组织清理,按时进行结算,有无本单位无故拖欠外单位资金的现象,应缴款项是否按国家规定及时、足额地上缴,有无故意拖欠、截留和坐支的现象。

三、财务监督的形式和方法

(一)财务监督的形式

事业单位的财务监督,贯穿于财务工作的全过程。按监督的时间划分,包括事前监督、日常监督和事后监督三种主要形式。

1. 事前监督

事前监督,是在财务活动发生以前对财务的决策和计划进行的预防性监督。它通常是对事业单位预算、财务收支计划、经济合同等进行事先的评价论证、鉴定、考查、研究。在经济业务发生时,对单位编制的或收到的凭证的监督;在签订各项经济合同时,对合同内容和具体条款的监督,等等。这种监督主要是督促单位根据国家规定的任务及有关方针政策和财政、财务制度规定,正确地编制单位预算,使错弊、失误与无效益现象止于发生之前,具有防患于未然的作用,保证单位制订出一个科学的、切合实际的单位预算或财务收支计划,为做好财务工作创造一个好的条件。但事前监督也有一定的局限性。

原因是它实施于财务活动发生之前,无法确定尚未进行的财务活动的结果,因此,还需要实施日常监督。

2. 事中监督(日常监督)

事中监督,是在财务活动过程中所进行的同步性监督,即在财务活动的实施与预算、财务计划执行阶段的监督。这种监督主要是监督检查预算资金分配和收支计划执行的进度,以及在执行过程中出现的问题,针对问题提出修改意见和解决问题的措施,及时制止不应有的资金和财富的损失。

事中监督是财务监督的一种经常性工作。坚持进行经常性监督,可以起到防微杜渐的作用。它比事前监督和事后监督更具有现实意义。

3. 事后监督

事后监督,是在经济活动完成以后而对其结果和已发生的经济事实进行检查、分析、判断、督促和调整的监督,这种监督一般是通过对财务会计报表、账簿、会计凭证等的定期和不定期检查来进行的。通过对单位预算执行情况的总结、分析、评价,揭露违法乱纪、贪污盗窃事件,总结经验。因此,事后监督既具有鉴定、证明的性质,同时也对以后的财务工作、财务监督、修订财务规章制度提供依据。事后监督的不足是,即使发现了问题,但为时已晚。

总之,事前监督、事中监督和事后监督是按时间顺序反映对同一财务活动进行监督的全过程,必须结合进行。

(二)财务监督的方法

事业单位财务监督的方法很多。根据不同的范围、要求和时间,财务监督可以采取不同的方法。一般有以下几种基本方法:

1. 账务检查

账务检查,也叫会计检查或查账,就是根据会计凭证、账簿、报表等资料,对单位的经济活动的合法性和合理性、会计核算资料的真实性和完整性,以及财务会计制度和财经纪律的遵守情况的稽查。事业单位的一切财务收支活动都要反映在一定的会计凭证上,都要按照会计制度规定进行账务处理。会计账簿是科学地记载经济的簿籍。因此,对会计凭证、账簿、报表进行认真细致的检查,容易发现问题,在查明事实真相后,实现有效的监督。

凭证检查。它又称查证,就是根据不同的检查目的和要求对凭证的内容、手续、经办人员进行审核。它是会计检查的基础。

账簿检查。它又称查账,是通过总账与明细账、账户与有关凭证、账户与报表有关指标、账户与实物或对方有关单位及经手人进行核对和检查。

账表检查。它又称查表,是检查报表的各项指标数据,是否与账簿有关资料相符,是否与有关的财产物资的实有数额相符。单位的会计报表是综合反映预算执行情况的指标体系。利用财会分析的方法,对报表中的主要经济指标进行简要分析,发现单位工作中存在的问题。还应检查报表是否符合会计制度的要求,如报表编制是否准确、报送是否及时等。

在实际工作中,账务检查的方法,按照查账的不同顺序,可分为顺查法和逆查法两种。

顺查法，就是根据会计核算的程序，先查原始凭证、记账凭证、再查账簿，最后查会计报表。这种方法一般适用于那些管理混乱，手续制度不健全，会计资料不全的单位。逆查法，就是先查会计报表，根据会计报表所反映的问题，再查账簿，再由账簿检查凭证。这种方法可以逐步明确重点，缩小检查范围，避免对所有账簿和凭证进行不必要的检查。一般对会计资料齐全，管理一般或较好的单位采取这种方法。

2. 实物检查

实物检查，又称财产清查，是对各种资产的正确性、合法性所进行的检查。许多问题从会计账簿、报表及统计资料上可能反映不出来，通过实物检查就可能发现问题。进行实物检查，一般多与账务检查结合进行，根据要求和要达到的目的，首先把账面结存情况搞清楚，然后进行实地检查，核实财产的数量、价值，弄明情况，查清原因，提出处理意见。

清点实物。对固定资产、存货等实物进行清点、核实，检查账实是否相符，实物的规格、质量有无问题。

清点现金。核对库存现金是否与账面相符，有无随意挪用、白条抵库、套取现金的情况。

核对银行存款。核对银行存款余额是否与银行对账单相符，有无不符合的情况及原因。

核对应收及预付、借入、应付等款项。对各项应收、预付、借入、应付、暂存的款项，要核对清楚，检查发生的原因及未及时清理的缘故。

3. 专门调查

专门调查，是对于一些通过会计账务和财产物资检查还不足以全面地、真实地反映的问题，为进一步查明事实真相而进行的一种检查。

专门调查可以采取不同的形式。可以向有关单位或个人进行查对；可以进行个别访问或召开座谈会等。在专门调查中，被调查的单位或个人，应对反映的情况负责，对反映的情况出具书面说明，以便作为澄清事实或对违法事件的证明。

检查和监督人员，在查清事实、弄清责任以后，应当根据检查结果，作出检查报告，包括检查记录和检查结论，并向被检查单位的领导汇报。检查单位的领导要对检查报告进行审查和研究，并对检查的结果进行处理。

结束语

当前我国的全面改革正进一步深化，在这一重要时期事业单位的改革也如火如荼地进行着。事业单位是社会发展中的重要组成部分，对我国的经济发展有着很大促进作用，加强对事业单位的管理具有实质性意义。事业单位管理中的财务会计管理是其发展的基础，只有保障了财务会计的良好发展，才能更好地促进事业单位的可持续发展。

事业单位是我国重要的社会组织，事业单位广泛分布在科、教、文、卫等领域，在经济社会发展方面发挥着非常重要的作用。随着事业单位改革的不断深入，财务内部审计任务的不断加重，如何与时俱进地改进这项工作，更好地发挥财务内部审计的重要作用，成为了事业单位管理领域的一个重要课题。财务内部审计不仅重要，同时实施难度也很大，不仅需要事业单位给予足够的重视，而且还要投入必要的资源进一步做好这项工作。

参考文献

[1] 吴朋涛，王子烨，王周．会计教育与财务管理．[M]．长春：吉林人民出版社，2019.12.

[2] 韩开军，张洪浩．审计．[M]．北京：北京理工大学出版社，2017.06.

[3] 王振秀．审计学．[M]．上海：上海财经大学出版社，2017.01.

[4] 薛琳．基础会计．[M]．北京：北京理工大学出版社，2019.07.

[5] 姜维壮．预算管理制度改革与会计集中核算操作实务．[M]．北京：中国财政经济出版社，2004.07.

[6] 金玉清．财会法规讲座．[M]．北京：人民邮电出版社，2002.02.

[7] 张绪润，徐焕东．审计取证与审计工作底稿编制．[M]．北京：中国财政经济出版社，2000.12.

[8] 王志波．事业单位财务管理概论．[M]．沈阳：辽宁大学出版社，1997.04.

[9] 王庆成，门玉峰．事业单位财会制度改革300问．[M]．北京：中国计划出版社，1997.01.

[10] 朱小平．新预算会计实务全书——新规则 新模式 新方法（下册）．[M]．北京：九州图书出版社，1998.04.

[11] 财政部《事业单位财务规则讲座》编写组．事业单位财务规则讲座．[M]．北京：测绘出版社，1996.12.

[12] 齐守印．新编事业单位财务会计．[M]．石家庄：河北教育出版社，1997.11.

[13] 周启宏．事业单位财务管理概论．[M]．武汉：湖北人民出版社，1998.08.

[14] 本书编写组．事业单位财务规则知识问答．[M]．北京：中国统计出版社，1997.03.

[15] 朱小平．新预算会计实务全书——新规则 新模式 新方法（上册）．[M]．九州图书出版社，1998.04.

[16] 季步江．事业单位财务管理与会计核算．[M]．北京：新华出版社，1997.11.

[17] 高雅青，唐明凤．预算单位审计实务．[M]．北京：中国审计出版社，1999.08.

[18] 黄晓清．新编事业单位财务会计．[M]．武汉：湖北人民出版社，1998.04.

[19] 王兴．中小学校新会计制度操作实务．[M]．北京：中国统计出版社，1998.06.